「いい会社」のつくり方

人と社会を大切にする経営　10の方法

藤井正隆［著］
坂本光司［監修］

WAVE出版

まえがき

最近、「いい会社」に注目が集まっています。長野県の伊那食品工業㈱には、トヨタの豊田章夫社長をはじめグループ会社の多くの人が視察に訪れています。トヨタはほかにも「いい会社」と言われる会社を、数多く回って研究しています。なぜ、連結34万人の巨大グローバル企業のトヨタが、中小企業を熱心に回るのでしょう。

坂本光司法政大学大学院教授が執筆した『日本でいちばん大切にしたい会社（1〜5）』に掲載されているのは、人にやさしい中小企業ばかりです。同書が初めて出版されたのが2008年。このあたりから「他人や社会のために」といった意識が高まり、人が求めるもの、世の中の価値観が変わってきたようです。

伊那食品工業の塚越寛取締役会長は、「いい会社とは、経営上の数字がよいというだけでなく、会社をとりまくすべての人びとが、日常会話の中でいい会社だねと言ってくださるような会社だ」と言いました。

この「いい会社」とは、終戦以降の経済成長期には、安定・成長を保証するという意味で、「大きな会社」とほぼ同義語として使われてきました。しかし、バブル崩壊以降はリストラが急増し、大企業に入っても将来が保証されなくなりました。大企業は正社員の非正規社員化を進め、「派遣切り」が問題になり、そして「ブラック企業」の登場です。

その後「ホワイト企業」が登場しますが、これは必ずしも「いい会社」とイコールという感じがしません。2014年に「東洋経済ホワイト企業ランキング」で第一位に輝いたのは東芝ですが、翌年、不正会計が発覚しています。

ホワイト企業ランキングは、多くの評価項目を設定しているのに、なぜこのようなことが起こるのでしょうか。いくら制度を整え環境問題に取り組んでも、重要なことが抜けているような気がします。学生向け優良企業の紹介ブックでは、新入社員離職率や有給休暇消化率などもランク付けの評価項目に入っていますが、これも表面的に思えてなりません。

本書の目的は、もちろん第4章の「いい会社」のつくり方です。これを導き出すものとして、これまで本には書かれていなかった《日本でいちばん大切にしたい会社大賞》の審査基準（第2章）と、「いい会社」だと言われている会社に共通する特徴（第3章）を取り上げ、丁寧に分析しています。すなわち第2章と第3章の上に第4章を築いています。

先に第4章を読んでいただいてもかまいませんが、その場合でもこの2つの章には後で目を通して、理解しておいてください。〝社内改革〟という実践を前に、理論的にも伝えられるようにしておくと、社員の納得と協力を得られやすくなります。

さらに、みなさんの会社は、今は「いい会社」ではない箇所があるのでしょうから、根本的な命題、「いい会社」とは何かについて整理しておく必要があります。それが第1章です。

最後の第5章は、「いい会社」づくりの研究と実践的指導をしてきた2人の専門家に、事例をあげて様々な角度から「いい会社」づくりの大ヒントを語っていただきます。

私はこれまで、「いい会社」を育ててきたたくさんの経営者の思いと実践に触れてきました。その教わったことを、私個人の学びに留めず、一人でも多くの人に伝えることに時代的な意義を感じて一冊の本にまとめました。ご参考になればと思います。

2016年7月

藤井　正隆

「いい会社」のつくり方◉目次

第4章　「いい会社」をつくる10の方法――117

装　丁　奥定泰之
DTP　NOAH
編集協力　藤原雅夫
校　正　鴎来堂

第1章

「いい会社」とは何か？

会社は誰のためのものか

社員なのか株主なのか社会なのか……

昭和の名経営者、松下幸之助は「企業は社会の公器である。したがって、企業は社会とともに発展していくのでなければならない」と言いました。

一方、「会社は株主のもの」という考え方もあります。公益企業ならともかく、私有財産を投下して営む株式会社である限り、そのリターンとして、資本投下に見合う利潤を期待するのは当然です。

しかし、この考え方には違和感があります。なぜなら、会社に株主はお金という有形資産を提供しますが、社員は知恵を含んだ労働力という無形資産を提供していて、実際に会社を動かしているのは、経営者と社員だからです。つまり会社の本質、中身は人間なのです。だからこそ、会社法上は会社の所有は株主であったとしても、例えば会社を売ったり買ったりするときには、社員のことを慎重に考えなければなりません。

また、社会のインフラを使い、取引先の協力を得る。お客様が商品を購入したり、サービスを利用されるといった企業の活動を考えると、「会社は、社会みんなのもの」というのが、しっくりします。

「会社は誰のものか」という所有の観点で考えると様々な意見があるでしょうが、「誰のためにあるのか」という視点で考えれば、「会社は社会全体、みんなのためにある」ということに異論はないでしょう。

「会社は社会全体のためにある」「会社は社会の公器である」という前提に立つと、会社は社員のため、お客様のため、地域社会のため、国のため、世界のため、これから生まれてくる子供のため、株主のためと、様々な角度から見ていかなければならないことがわかってきます。

そして、多くの人たちのために役立った分だけ、その対価としての利益が生み出されます。その利益を利害関係者に適正に分配し、社会には税金として納め、将来にわたって新たな価値を生み出していくために投資していくのが企業活動の本質なのです。

一方で、こうした考え方をきれいごとと言われることがあります。「会社が利益を出さないで倒産してしまったら、元も子もない」というのが主な理由です。この意見は正しい指摘ともいえるし不十分な指摘ともいえます。

まず、社会のための活動と会社が利益を出すこととは、少なくとも長期的には、まったく矛盾しません。利益がお客様や市場がつけた通信簿と考えると、利益を出していない会社は、社会に役に立つ商品サービスをつくっていないか、つくっていてもお客様に認知されていないのではないでしょうか。

次に、会社が起業後間もなくて不安定な時期は、倒産しないように全力を尽くす時期です。また、自社だけではコントロールできない問題が起こります。例えば、自然災害などに備えなければならないとわかっていても、現実的にはなかなか回避できません。

そうした状況では、まずは倒産しないための手立てを打つべきです。しかし、起業してしばらくたち、経営が軌道に乗ったところで、突然対応しなければならない状況になったら、会社の姿勢としては、やはり「公器」であることを意識して実践することが大切です。

会社の目的は何なのか

いい会社とは何かを考える上で、「会社の目的は何か」を整理してみましょう。前書きで書いたように、東日本大震災以降「利潤追求」と答える人は少なくなったと感じています。では、会社経営の目的は何でしょうか。ドラッカーの言葉の翻訳に、

「企業の目的は、顧客の創造と維持である」

「企業の目的の唯一の定義は、顧客の創造である」

という言葉が使われていますが、原文は次の通りです。

The purpose of business is to create and keep a customer.

There is only one valid definition of business purpose:to create a customer.

つまり、会社という表現ではなく、ビジネスの目的と言っています。むしろ『現代の経営』に書かれたドラッカーの次の言葉が、会社の目的の本質を突いています。

「事業体とは何かと問われると、たいていの企業人は利益を得るための組織と答える。たいていの経済学者も同じように答える。この答えは間違いなだけではない。的はずれである」

「もちろん、利益が重要でないということではない。利益は、企業や事業の目的ではなく、条件なのである。また、利益は事業における意思決定の理由や原因や根拠ではなく、妥当性の尺度なのである」

要するに、利益のために会社があるのではなく、社会的な役割を果たすために会社があるのですが、利益が出なければ企業活動を継続できないという意味です。

別の言い方をすれば、利益は継続して社会の役に立つための条件であり、経営者は常に利益を意識しなければいけないし、利益が出なければ会社はなくなってしまうということです。そのため、ドラッカーはこうも言っています。

「私心のまったくない天使が経営者であったとしても、利益には関心を持たざるを得ない」

坂本光司教授は、ドラッカーが言ったことをさらに発展させて次のように繰り返します。

「企業経営とは、会社に関わりのあるすべての人びとを永遠に幸せにするための活動である」

従来は、企業経営とは「組織を成長発展させるための事業」「業績を高めるための事業」「シェアを高めるための活動」「市場で一番になるための活動」という価値観と判断基準でした。しかし、業績を高め利益を上げることを第一義とする経営学は間違っていると断言し、次のように付け加えます。ドラッカーが言っていることを、さらに身近な言葉で表現しています。

「よく、企業の目的は永続することと言われるが、それも間違い。永続しないと、企業に関わる人を幸せにできないから、永続することが必要なだけだ」

「利益は企業に関わる人を幸せにした結果だ。あるいは幸せにするためのコストだ」

実務家の中で、同様のことを古くから繰り返し主張してきたのは、伊那食品工業の塚越寛会長です。同社のホームページには「企業の目的」として次のように書かれています。

「企業は本来、会社を構成する人びとの幸せの増大のためにあるべきです。私たちは、社員が精神的にも物質的にも、より一層の幸せを感じるような会社をつくると同時に、永続することにより環境整備・雇用・納税・メセナなど、様々な分野で社会に貢献したいと思います。したがって、売上や利益の大きさよりも、会社が常に輝きながら永続することにつとめます」

ハーバード大学の教授で企業の競争戦略論で知られるマイケル・E・ポーターでさえも、2011年、経済的価値と社会的価値を両立させるCSV（Creating Shared Value 共通価値の創造）というコンセプトを打ち出しています。

企業一社ではとても対応できない、世界で起きている難民、飢餓、その他大きな社会問題を解決するために、競争ではなく協働することが重要であると言っています。

企業経営の目的は、売上・利益を上げることから、ドラッカーが60年も前の一九五六年に出版した『現代の経営』の中にあって、30年近く前から坂本教授や塚越会長が訴えてきた「会社の目的は社会に役立つことである」という考え方に見直されてきたことはいいことです。

なぜ売上・利益が会社の目的だったのか

企業活動の社会的な価値が低下する

ところで、なぜ企業の目的が売上や利益を上げることになっていったのでしょうか。その理由を整理してみることは、また同じ道を歩まないためにも価値あることです。

発展途上国では、多くの事業が社会価値を生み出していることを認識しやすい状況にあります。例えば、建設会社が二つの集落を結ぶ橋を架けたとします。行き来は容易になり、住民はその建設会社が行った価値を認識します。

しかし、いくつも橋がつくられて社会インフラが整備されてくると、橋をつくるだけでは社会的な効用が認識しづらくなります。もう十分に整備された交通網に、橋一つ追加されても効用は少なくなります。

なぜなら、その橋がもたらす効用が、すでに他のもので与えられているからです。経済学で古くから例に出される「一杯目のビールと二杯目のビールの話」と同じです。

働く人も、仕事そのものに対する社会的な効用を認識しづらくなります。その結果、働く人にとってのモチベーションの向上に目が向けられ始めます。

ここに落とし穴があります。つまり、成熟した社会で新しい価値を提供することは、一般的にはその価値の効用が低くなるために、提供するほうも提供されるほうも価値を感じなくなるのです。

これは、インフラ系のビジネスに限りません。発展途上国でスーパーマーケットができれば、人びとは各地から集められた食材を食べられるという効用があります。しかし、日本のようにコンビニの隣にコンビニがあるという状況になれば、発展途上国に比べて価値、効用は下がります。そのために、お客様よりも近所にできたコンビニに目が向き、いかにそのコンビニよりも売上を伸ばそうかということになっていくのです。

経済の成熟過程で、売上や利益を上げることが目的になってしまうのです。

組織を維持することが目的化する

組織が機能していくためには、次の2つが必要になります。

・その組織が果たす正しい目的の設定
・目的達成のための組織構成員の共有化

しかし、組織は人が集まって活動するので、こうした機能を変質させてしまう傾向があります。

もともと組織というものは、特定の目的のために人、モノ、金、情報を集めて、一定の規模で効率的に行うことを志向しています。しかし、一旦組織ができあがって長い時間を経過すると、当初の目的が薄れて、自分たちの組織を維持すること自体が目的となってしまいがちです。

農業協同組合や生活協同組合は、互助のために生まれた組織です。しかし、そうした組織でさえ、一般企業との競争にさらされると、組織を維持するために、設立の目的とは異なる売上や利益を優先してしまうということが発生します。

もっと身近なところでは、「ルールの目的化」があります。

例えば、公共性が強い組織ほど、冷暖房を入れる日は6月1日というように決めています。しかし、とくに最近は、温暖化の影響なのか4月でも暑い日も少なくありません。冷房は暑いから入れるのであって、6月1日だから入れるのではないことは、少し考えればわかることですが、冷暖房を管理している人からすれば、自分の役割を果たすために、ルールを守ることを主張することになるのは、しかたないとも言えます。

つまり、個々人が役割を果たしたり、組織の構成員がそれぞれの生活を守ろうとするほど、組織全体の目的のための手段が目的化していくのです。

手段が目的化することを、伊那食品工業の塚越会長は、こう話しています。

「最初、家族で商売を始めたとき、給料は目的だ、目的だから多いほうがいいとされる。しかし、他人が入ってくると人件費になり、経営的には低く抑えたほうがいいとされるようになる」

組織の持つ性質を言い当てた、わかりやすい話です。

公共組織では、税（税収）という形で収入を確保することはできますが、株式会社は、売上・利益が減ると会社存続の危機に直面することになります。そのため、ますます組織の維持、つまり売上・利益を高めることが目的化していくのです。

もちろん、公共組織にも組織の目的化は容易に起きますが、税金によって長く生き延びることができるために、血税が無駄に使われると株式会社とは異なる問題が発生します。

しかし、企業の本来の目的をないがしろにしていると、長期的に見れば多くの利害関係者から見放される運命にあります。このように、無意識のうちに手段が目的化してしまうからこそ、「組織の目的は何か」ということを、たえず意識する必要があるのです。

従来の「いい会社」を振り返る

それでは、「いい会社」とは何か。それは立場や価値観によって異なります。まず、『エクセレントカンパニー』（83年）では、当時のアメリカで卓越した業績をあげている企業

43社に共通の特徴を8つにまとめました。
①行動の重視
②顧客に密着
③自主性と企業家精神
④人を通じての生産性向上
⑤価値観に基づく実践
⑥基軸から離れない
⑦単純な組織、小さな本社
⑧厳しさと緩やかさの両面を同時に持つ
次に、『ビジョナリーカンパニー』（95年）でも特徴を8つにまとめています。
①製品ではなく企業そのものが究極の作品
②現実的な理想主義
③基本理念を維持し進歩を促進
④社運を賭けた大胆な目標
⑤カルトのような文化
⑥大量のものを試して、うまくいったものを残す

⑦生え抜きの経営陣
⑧決して満足しない

業績がよくて成長した企業が実践していたことが書かれていて、共感できる点が多くあります。しかし、企業の目的が抜けています。利益を上げること、成長することが企業目的の前提にあるように見えます。

2008年に出版された『ビューティフル・カンパニー』(嶋口充輝慶応義塾大学名誉教授)では、強いだけでなく品格のあることがこれからの会社の条件としました。同年、『日本でいちばん大切にしたい会社』(坂本光司法政大学大学院教授)が出版されました。そして2010年に出た『いい会社とは何か』(小野泉、古野庸一)では、1980年〜2000年にかけて、経済の成熟化に伴い、社会全体としての目標・希望の喪失に伴い、やりがいが徐々に薄らいでいったことを示しています。

同書では、リストラ、人事制度の変更、不採算事業の売却、コンプライアンスをはじめとした管理強化、非正社員化などにより、会社と社員の間にあった信頼感は低下し、「仕事のやりがい」の喪失に拍車をかけたと指摘しています。また、先進諸国に属し豊かな時代に生きている日本で、物質的な欲求より心の豊かさに重きを置く傾向が強くなるなか、やりがいや働きがいのある会社を「いい会社」としています。

「いい会社」は5者を幸せにする

会社が大切にする相手には順番がある

前述した企業の目的や存在意義を考えると、さらに付け加えたほうがいいことがあります。坂本教授は「企業経営とは、会社に関わりのあるすべての人びとを永遠に幸せにするための活動である」という言葉に続けて、「誰の幸せを追求すべきか」について優先順位をつけています。

①社員とその家族
②取引先とその家族
③現在顧客と未来顧客
④地域社会（とくに社会的弱者〜障がい者、高齢者など）
⑤株主

それまでの「いい会社」研究と違う点、それは、上記5者のなかでも社員とその家族を第一位に置いたところです。

坂本教授は学生時代に、「業績、株主、そして顧客第一」と教わってきました。しかし、全国の経営の現場を見て回ったところ、実情は違うことに気が付きます。社員を業績向上のための材料と見なし、成果を追いかけたあげくに倒産した会社が山ほどあったのです。

その一方で、順調に業績を伸ばしているのは、「社員第一を貫いて繁栄している会社」だったのです。つまり、社員の幸せを念じて人を幸せにしようとする会社が立ちゆかなくなった例が見当たらなかったのです。

社員を大事にする会社が生き残るのは、自然の摂理です。なぜなら、自分が所属する会社に不平不満や不信感を持っている社員が、会社のために一生懸命になるとは考えられないからです。

私は、社員とその家族が、企業経営において、幸せを追求すべき優先順位で第一位にされた理由を実感したことがあります。

栃木県宇都宮に、㈱ハヤブサドットコムというドコモショップを主に経営している会社があります。この会社は、障がいがあったり虐待を受けたりした約6000人の子供たちに、地域の企業を巻き込んで一人5000円のクリスマスプレゼントをしています。15年以上続いているこの活動で、社員は心が優しくなり、接客、社員同士の助け合いにつながっています。

いい取り組みなので、私が自社で試みようとしても、うまくいかなかったことがありました。理由は、「子供たちにクリスマスケーキを配るのはいいけど、私たちには配られないの？」ということです。会社という性質上、まずは社員のことを考えるべきなのです。まず身近にいる人を大切にする、幸せを追求することが大事です。社会貢献をし、遠くの人を大切にしていることは、経営者として立派なことで恰好いいことです。しかし、身近な人に心配りせず、犠牲にしていたら本末転倒です。

経営者と社員、大規模と小規模に差はない

もう一つ。経営者が大きな夢・ビジョンを描いて成長する会社は魅力的ですが、社員の人生目標がその会社で本当に実現しているかどうかに気をつける必要があります。「ビジョンのため、会社のため」という言葉で、社員を犠牲にしてはいけないからです。

経営者にもたった一度の人生ですが、社員にとってもたった一度の人生だからです。経営者の夢・ビジョンと社員の夢・ビジョンが一致してはじめて大きな力になり、WIN-WINの関係になるのです。

それが乖離していれば、経営者の独りよがりでしかありません。組織が大きくなるほど、経営者の責任も大きくなります。なぜなら、多くの社員とその家族の生活が肩にかかっているからです。会社が大きくなると、経営者が大経営者になったような気になるのは、人

間なのでわからないでもありません。しかし、会社が大きいから大経営者・立派な経営者ということではありません。

私は大きな会社の経営者にも、小さな会社の経営者にも数多く会ってきましたが、小さな会社の経営者の中に、立派で尊敬できる人がたくさんいます。会社の善し悪しは大きさではありません。

しかし小さい頃から、「坊や、大きくなったね……」と言われて育っていますから、大きいことはいいことだという価値観が、潜在意識に組み込まれているのかもしれません。

会社の目的が、企業活動に関わる関係者を幸せにすることであれば、その関係者にとっては、会社が大きくなれば幸せなので、規模の拡大を目指すのは正しい意思決定です。しかし、大きくなることで関係者が不幸になったり犠牲になったりするのであれば、規模の拡大を目指すのは経営者の身勝手でしかありません。

なぜ「家族」や「社会的弱者」のためなのか

なぜ家族が登場してくるのか

社員が第一位はよしとして、そこに家族がセットになっていることに異を唱える人が少なからずいます。「家族はあくまでも社員が面倒を見るもので、会社にはそこまでの責任はない。独身の社員もいる」というわけです。

しかし、家族の支えがあるからこそ社員は安心して働けます。家族仲が悪かったり、病気がちの家族がいたとしたら、社員は安心して働くことができません。

私の会社では、「従業員幸福度調査」をお客様に実施しています。なぜ満足度ではなく幸福度かというと、満足しているけど幸福ではないとか、幸福だけど満足していない人がいることがわかったからです。

調査結果によれば、「家族の絆」は社員の総合幸福度の条件で上位にあります。このことからも、会社が社員の家族の幸せに力を入れることは重要だということがわかります。

取引先とその家族を挙げていることも、今までの「いい会社」研究にはない特徴です。坂本教授は、取引先とその家族を、幸せを追求すべき対象の2番目に挙げている理由につ

中小企業の取引単価についての納得度

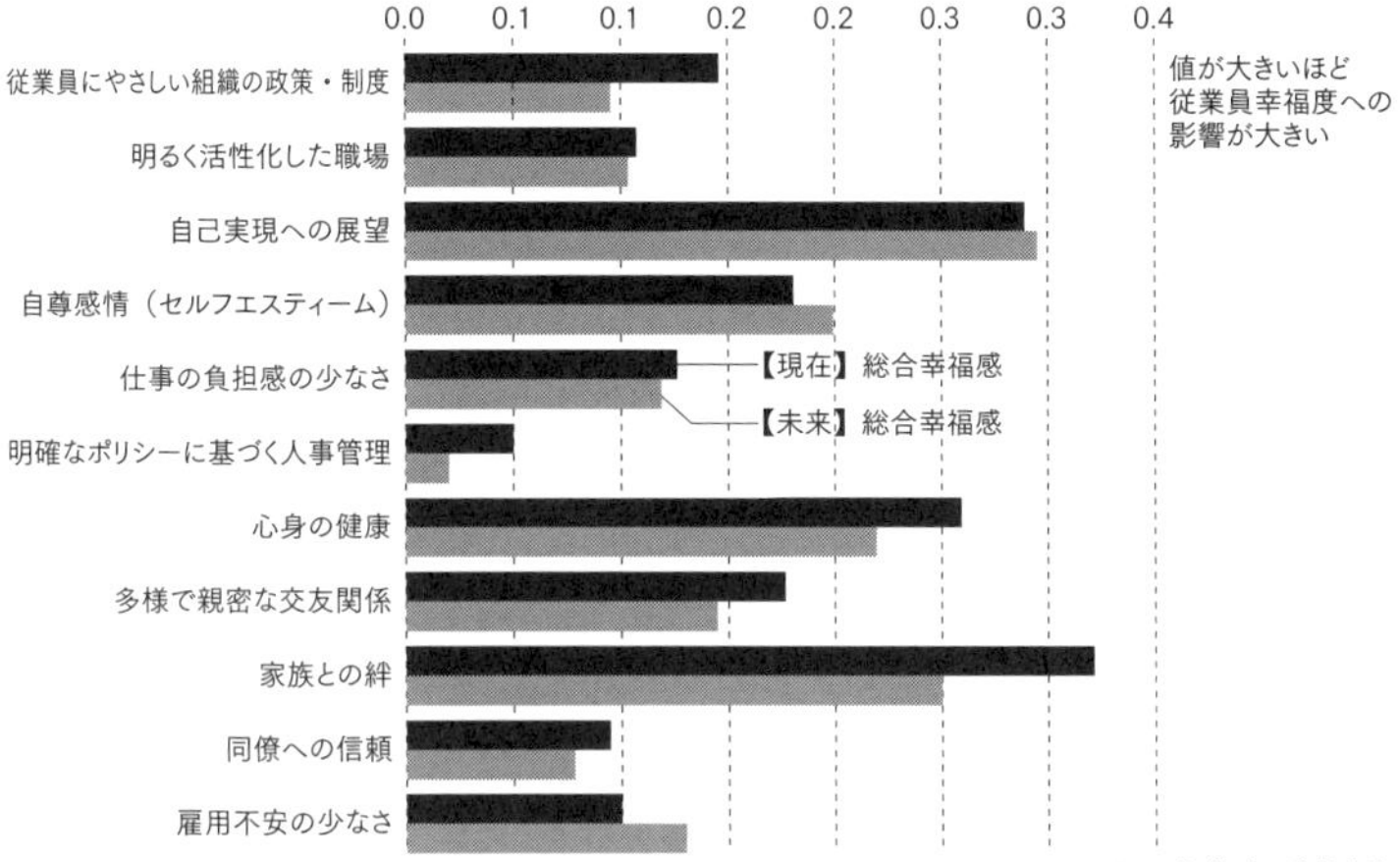

＊イマージョン作成（不許複製）

いて、次のように説明しています。

「協力工場、外注先、仕入先、下請け部品会社、ベンダーなどいろいろな言い方がありますが、外部経済でわが社の仕事をやってくださっている人は、材料やコストではありません。景気の調整弁でもありません。人間です。そのことを多くの経営者に示唆するために、あえて〝社外社員〟と名付けました。わが社ができない、やれない、場合によってはやりたくない仕事を熱心にやっている人びとを、大切にしなければいけません」

ホワイト企業ランキングの中には、取引先に厳しい会社も含まれています。自社の社員に優しい制度を整備していて、利益も十分に出ているにもかかわらず、協力会社には毎年、無理なコストダウンを要求し続ける会社は、「いい会社」とは呼べません。

社員、取引先の話に共通しているのは、一部分を切り取って「いい会社」というのはおかしいということです。誰かの犠牲の上に立つ経営は欺瞞であり、やがて滅びるのです。

なぜ社会的弱者に気を使わなければいけないのか

地域住民（とくに社会的弱者）も重視します。地域住民というのは、社外社員でもなく、顧客でもありません。会社は、直接関係を持たない方々も大切にすべきだということです。社会的弱者というのは、自分一人では歩くことも立つこともできないなどの弱き人びと、具体的には高齢者、障がい者、シングルマザーなどです。

エン・ジャパン㈱の創業者越智通勝代表取締役会長は、企業経営では社会正義性が重要であると言いました。これは「人が社会生活を営む上で、正しいとされる道理」です。

社会正義でよくテーマとなるのは貧困の問題です。貧困は、あくまでも自己責任であるという考え方と、格差がある中で貧しい人を支えるのが人間同士の平等と公平につながるという考え方があります。何が社会正義か……時代によって価値観も変わるでしょう。

自己責任かどうかは、本人の努力で貧困から抜け出せるかどうかを判断するものです。

できないときは社会正義性での対応が必要になります。例えば、生活保護世帯の子供が生活保護制度を利用しているのは当然です。もし親が生活保護で得たお金をギャンブルですべて使ってしまう人であっても、子供は親を選んで生まれてくることはできないということです。

弱者と強者の構造も同じです。障がいを持って生まれたいという人はいません。障がいを持つ子供を産みたいという親もいません。だから、強者である健常者が支えるのは当たり前のことです。障がい者雇用を促進するべきだという理由はそこにあります。本人が選びたくても選ぶことのできない理由で、生涯にわたって何らかの不利益を被り続けることがあるなら、社会全体で支えるのが社会正義だからです。

会社の中での社員への対応も同じです。努力できるのに努力しない人は、自己責任が当てはまるでしょう。しかし、努力できなくなった社員には、「お互い様の精神」で、その程度において、会社や同僚が支援することが会社における社会正義です。

以上、幸せを追求すべき対象になっている5者について整理してきました。繰り返しになりますが、企業の目的を、そこに関わる人の永遠の幸せを追求することと定義づけたこと、企業が幸せにすべき5者を具体的に示し、優先順位を付けたことは、「いい会社」とは何かを考える上で非常に重要です。

なぜ「社会」を考えなければいけないのか

視点の持ち方と視野の広げ方

ここで「いい会社」を、別の視点から見てみましょう。もう15年前になりますが、慶応ビジネススクールで小野桂之介教授の話を聞いて、感銘を受けたことがあります。それは、経営者の燃えるような経営意思・社会的使命を表す「ミッションマネジメント」という考え方です。

小野教授は、「思考と配慮の時間・空間拡大」として、3つの軸を拡大していくことが、ミッションマネジメントを志向するときに大切であると説きました。

・思考の空間的広がり……自分だけでなく自部門、他部門、会社全体、世界といったことを考えることができるか。
・配慮の空間的広がり……自分だけでなく家族、さらに友人・仲間・社会・人類といったことにどれだけ配慮できるか。
・思考と配慮の時間的広がり……今日だけでなく週・月・年・世代・世紀といったように、自分が死んで存在しなくなった後までも考えられるか。

思考と配慮の時間・空間拡大

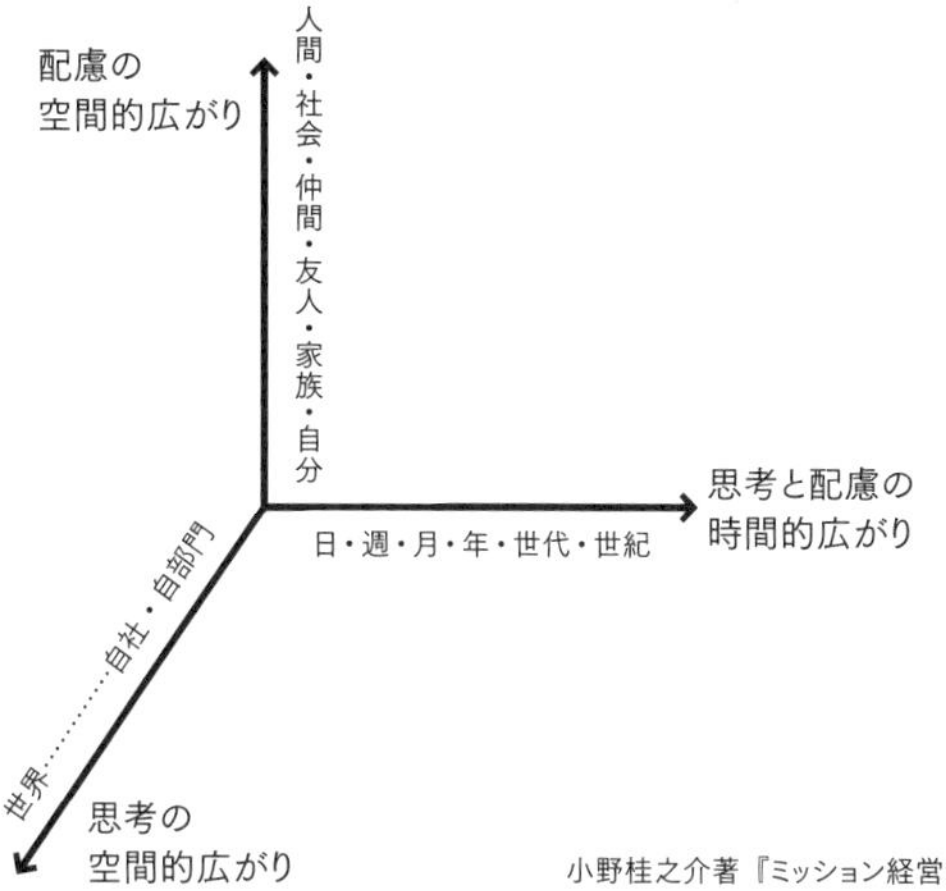

小野桂之介著『ミッション経営のすすめ』より

この話を企業活動に当てはめてみると、わかりやすくなります。

自分さえよければいい、自部門にメリットがあればいい、自社が儲かればいいという会社は尊敬されず、まわりとうまくいかなくなります。さらに、自分が生きている間がよければいい、後輩たちはどうでもいいといっていたら、尊敬できるどころか、いい加減にしてほしいと言われるに違いありません。

しかし、企業間競争の日々の中では、このようなことは忘れ去られています。競争相手を打ち負かすために懸命で、罪の意識など持たずに企業活動が行われています。

数年前、地方で経営者対象の新春講演会が開かれ、その懇親会の場で食品メーカーの経営者から、あまり耳にしたくないことを聞きました。某大手流通会社が進出してきて出店したそうです。商店街には反対意見もあったけれど、地域の雇用が創出できるというメリットもあり、最終的には大きな店がオープンしました。

しかし、予想していたほど売上が上がらないことが続くと、さっさと撤退してしまったのです。雇用創出どころか周りの商店は潰れ、大型店に勤めていたパート社員は仕事場を失いました。出店を見込んで設備投資した食品メーカーも損失を出すことになったのです。

真逆の判断をするスーパーがあります。東証一部上場で東京立川に本社を置く㈱いなげやは１２０年近く続く老舗企業です。比較的地道な経営をするいなげやも、高度成長期には拡大を目指して埼玉や千葉に出店しましたが、うまくいかず撤退せざるを得ない状況になったことがあります。

そのとき同社は、社員の幸せを一義に掲げる会社であることから、パートも含めて全員の次の働き場所が見つかるまで撤退時期を待ちました。競合店へ頼みに行き、働き先の目処がついた後は、支払ってきた月収の3カ月以上を渡した上で、他店に移ってもらったのです。明らかにいなげやのほうが「いい会社」でしょう。

企業の不祥事が続きます。その原因の一つに、経営者が自分の任期中に業績を落としたくないという保身があります。

東芝やオリンパスの不正会計処理などは、歴代のトップが関与していたようですが、問題を先送りすると次の世代が負担することになるのは、誰にでもわかることです。組織の論理が働いて、歴代のトップに迷惑がかかることを恐れたり、会社のイメージを悪くしたくないという心理が働くのでしょうが、許されることではありません。

数年前、伊那食品工業の塚越会長から小野教授と同じような話を聞きました。

「日本はデフレと言っているが、そうではない。単なる安売り競争の結果だ。なぜ安売り競争するか。それは、自分さえよければいい、今さえよければいい、お金が儲かればいいの三悪が影響している。とくに自分さえよければ……があるからだ。近江商人の考え方は三方よし。自分も相手も世間もよし。さらに将来よしの四方よしと言っている。今よくても将来悪くなったら、それはよくないことだ」

「いい会社」とは、広く長期的な視点を持ち、自分だけでなく他社や世の中全体を考えて取り組む会社です。

毎年100社以上の「いい会社」と言われる会社を視察研究していて、気づいたことがあります。それは、「いい会社」は企業経営を行っていく上で、大切なことを正しい順番で行っているということです。いくつか例を挙げましょう。

「いい会社」がみなやっていること

①算盤より論語が先

二宮尊徳曰く「道徳なき経済は罪悪であり、経済なき道徳は寝言である」

渋沢栄一曰く「論語と算盤――論語つまり倫理と、算盤つまり利益を両立させて、経済を発展させることが重要である」

いずれも企業にとって必要なことです。しかし、あくまでも企業としての道徳、どうあるべきかがあって、しっかりと裏付けになる計算があるべきです。

②売上より顧客価値が先

顧客価値を高めないで売上を追求すると無理が生じます。顧客価値がない商品サービスを提供するということは、ブレーキをかけながらアクセルを吹かすようなものです。押し込み販売などが発生して長続きしないことは明白です。

③利益より社会貢献が先

社会貢献は、余裕ができてから、もう少し大きくなってからという人がいますが、実際には社会貢献をしている企業ほど利益を上げています。なぜなら、社会貢献には社内外の両方にいい影響を及ぼすからです。

社会貢献に熱心な企業は、傍目から見てもイメージがよく映ります。社内的にも、自分たちは社会に貢献しているという高い意識が芽生え、誇りを持って仕事をすることになるからです。

④顧客満足より社員満足が先

社員満足と顧客満足、どちらが先かについては、古くから議論されてきました。以前は、お客様があってこそ企業は永続できるという考え方から、顧客満足が先という意見が強かったのです。しかし最近では、社員満足が先にあるからこそお客様を満足させられる、という考え方が強くなっているようです。

㈱日本レーザーの近藤宣之社長は、立場により順番が異なるという考え方をしています。経営者は社員満足を一番に大切にすべきです。経営者が社員満足を高めれば、社員はお客様満足を高めるように努力するようになり、逆に、経営者が社員に顧客満足を求めると、社員は社長満足を考えるようになるというものです。

社員は、経営者や上司でなく顧客満足のほうを大切にします。そうすると経営者や上司は、社員の満足を考えるようになり好循環していきます。

⑤業績よりモチベーション向上が先

モチベーションが高い会社は例外なく業績がいいのですが、業績がいい会社が必ずしもモチベーションが高いとは限りません。これは、2008年~09年の2年間にわたり坂本研究室とアイエヌジー生命保険㈱（当時）が実施した共同研究の結果です。

理由は「時流に乗っている」「ビジネスモデルがいい」「給料を抑えている」「社員に無理をさせている」などから利益を出せるからです。

さらに、上がったり下がったりするモチベーションを恒常的に高く保つには、会社が安定して、将来に希望が持てることが前提です。

⑥ＨＡＶＥよりＢＥが先

「BE DO HAVE の法則」に逆らって、お金さえあれば（HAVE）→何でもできて（DO）→幸せになれる（BE）と考えていると、疲れ果てて人生は苦しいだけでなく、幸せ（BE）にもなれません。先に売上や利益を追いかけている会社は、やがて経営者も社員も疲れ果ててしまい、結局、幸せになれないのです。

「いい会社」は①から⑥の順番通りに行っています。ここまで、「いい会社」の定義から前提条件までを考えてきましたが、様々なことが複合的に揃うことが必要です。そして、「いい会社」とは要するに「尊敬される会社（徳のある会社）」「強くタフな会社」「心身ともに健康な会社」であること、つまり「日本でいちばん大切にしたい会社」なのです。

第2章

《日本でいちばん大切にしたい会社大賞》の審査基準

受賞企業と一般企業との違い

第1章で、本書でいう「いい会社」と、それまでいわれてきた「いい会社」との違いを解説してきました。私たちが考える「いい会社」は、《日本でいちばん大切にしたい会社大賞》（以下、大賞）として表彰制度にもなっています。

同賞は、書籍『日本でいちばん大切にしたい会社1』がベストセラーになったことを機に設けられ、2010年、坂本教授は当時の菅直人総理に官邸で面談しました。そして、日本でいちばん大切にしたい会社を表彰することを目的に、経済産業大臣賞、中小企業庁長官賞が新設されました（第5回から厚生労働大臣賞も新設）。

当時、菅総理から国の予算を付けるという話もありましたが、「そうしたお金は弱者のために使ってほしい」と辞退したこともあり、回を重ねた現在でも、活動に共感された企業からの寄付と審査員20数人のボランティアで審査活動を行っています。

では、《大賞》の審査内容について紹介します。まず応募資格ですが、過去5年以上にわたって、以下の5つの条件すべてに該当していることです。

①人員整理を目的とした解雇や退職勧奨をしていないこと

（東日本大震災等の自然災害の場合を除く）

②外注企業・協力企業等、仕入先企業にコストダウンを強制していないこと

③障がい者雇用率は法定雇用率以上であること

（常勤雇用50人以下の企業で障がい者を雇用していない場合は、障がい者就労施設等からの物品やサービス購入等、雇用に準ずる取り組みがあること）

④黒字経営（経常利益）であること

（一過性の赤字を除く）

⑤重大な労働災害がないこと

（東日本大震災等の自然災害の場合を除く）

5条件すべて5年連続クリアという非常にハードルの高い内容ですから、日本を代表する名だたる企業でも、応募すらできないケースが多いことでしょう。

①の人員整理を行うような会社は論外ですが、②強制的なコストダウンを毎年、恒例のように行っている企業もあります。応募資格のうち最もハードルが高いのが、③の障がい者雇用です。現在、日本の民間企業の法定雇用率は2・0％で、毎年厚生労働省から発表される障がい者雇用数、実雇用率とも、少しずつですが改善されています。

それでも2014年度は実雇用率1・82％、達成企業44・7％です。未達成の事業主は、

不足する障がい者数に応じて1人月5万円の障がい者雇用納付金を納めなければなりません。「障がい者を雇うのは大変だから、お金ですませたい」と考える経営者がいることが、雇用が進まない原因の一つになっています。

ちなみに同年、障がい者雇用が義務付けられている50人以上の企業の法定雇用率未達成は4万7888社で、かつ障がい者を1人も雇用していない企業はそのうちの6割でした。日本を代表する会社や認知度の高い会社も、毎年《大賞》に自薦・他薦で応募がありますが、そもそも応募資格がないケースも少なくありません。

④の黒字経営（経常利益）であること（一過性の赤字を除く）も、重要な応募資格です。企業の利益を好ましくないと考える人が多少いますが、事業を通して社会に貢献するという使命と適正な利益とは、相反する関係ではありません。むしろ、利益は社会の通信簿であると考えれば、赤字会社は社会に価値あるものを提供していないと考えるべきです。

そして、企業が提供する商品・サービスは、その企業の工夫や努力が含まれた価値を提供しているのだから、お客様にその価値に見合った価格で購入され続けて、結果的に企業に利益が残るのが原則だからです。つまり、利益が出ていない企業は、事業を通しての社会的責任を果たしていないと考えて、応募資格として設定しているのです。

⑤の重大な労働災害についてですが、労働災害による死亡者数は2009年から大幅な

増減を繰り返し、一度に複数の死亡者を出す重大な労働災害が後を絶ちません。その背景には、労働災害の多発した時代を経験し、安全に関する知見を豊富に持った世代の多くが、職場から引退してしまったことがあるとも言われています。

また、社員の命を最優先すべきであることは当然なのですが、企業間競争を背景に経営効率を優先するあまり、安全コストが削減されている可能性もあると言われています。多くの命を奪うバスの事故は、長時間の無理な勤務が原因のようです。労働災害の背景には、利益を出すために社員に無理をさせているケースが少なくないのです。

《大賞》応募数が毎年40〜60社と他の賞に比べて多くないのは、ハードルの高い応募資格を設定しているからです。しかし、以上のような趣旨から、応募数を追うよりも「日本でいちばん大切にしたい会社」であると堂々と言える会社を表彰したいのです。

《大賞》は、一次、二次、三次の調査によって選出されます。まず、一次審査の内容から、同賞を受賞する会社の特徴を解説します。

一次審査で使われる応募票では、経営評価として、どのような取り組みをしているかを併せて見ます。大きな枠組みとして、5者の幸せを設定し、それに関わる具体的な取り組みを加点方式で審査します。取り組み面では5つの枠組みの基本的な考え方をベースに、財務面の特徴的なところを解説して、受賞企業と一般的な会社の違いを確認していきます。

基準1　社員とその家族を大切にしているか

社員とその家族の命と生活と健康を守り、大切にしているかを確認する項目に加え、それを証明する結果としての社員の定着率などについて確認します。そして「社員の健康とワークライフバランス」を担保しているかどうかを聞きます。

- 社員1人当たりの月の平均所定外労働時間は10時間以内ですか。
- 過去3年間において、週の労働時間が60時間を超えている労働者の割合が5％未満ですか。
- 年次有給休暇の取得率は70％以上ですか。
- 働き方改革（時間外労働の削減、年次有給休暇の取得促進等）に取り組んでいますか。
- 社員全員のこころとからだの健康を守り、増進するための具体的な取り組みを実施していますか。
- 育児休暇や介護休暇を取得する社員に対して、独自の福利厚生制度がありますか。

今、残業時間、サービス残業が問題になっています。残業時間が社員のメンタル面などに影響を与えていることは、様々な調査で指摘されています。Vorkers社のデータ（2007〜14年の社員・元社員から投稿されたレポート。回答6万8853人）によると、全産業の月平均残業時間は47時間です。これに対して受賞企業の多くは10時間以内です。

経済産業大臣賞を受賞した未来工業㈱（岐阜県）は日本一休みが多く、しかも残業ゼロです。残業が多いといわれているＩＴ業界でも、審査員特別賞を受賞したアクロクエストテクノロジー㈱（横浜市）の15時間が最高で、多くの受賞企業が月10時間以内に収まっています。

同じく残業が多いといわれている小売業でも、実行委員長賞を受賞した「がんばらない経営」をモットーにしている㈱ケーズデンキホールディングス（水戸市）では、「明日できる仕事は今日はやらない」という方針を掲げ、月8時間です。

ちなみに、同社では2010年度から5年連続で日経ビジネスアフターサービス満足度1位に輝いています。家電量販店としては珍しくノルマがなく、お客様よりも社員、そして取引先を大切にすると公言していますが、それが丁寧な対応につながっているのでしょう。

残業時間をどのように削減していくかについては第4章で詳しく書きますが、ヒアリングで確認すると、経営学では学べない実学としての様々な工夫があります。

アクロクエストテクノロジー㈱では、社員の机の上に砂時計が置いてあります。社員同士の打ち合わせや報告連絡相談を始めるとき、砂時計をひっくり返します。3分以内に終わらないと、話す内容が整理されていないということで、タイムオーバーになります。この取り組みは、残業時間の削減だけでなく、社員のコミュニケーション能力の向上に役立っています。

次は「社員の雇用」に関する審査項目です。

- 全管理者の2割以上が女性ですか。
- 女性労働者の平均勤続年数は、男性労働者の平均勤続年数の80％以上ですか。
- すべての社員に70歳以上でも就業のチャンスを与えていますか。
- 過去3年間に60歳以上の高年齢者を新たに雇用していますか。
- 66歳以上の正社員がいますか。
- 既卒3年以内であれば新卒枠で応募が可能ですか。

安倍政権の方針で、「2020年までに指導的立場にいる女性を30%に」という数字が掲げられています。女性が第一線で働き続けようと思ったら、結婚や子供をあきらめるという傾向は、今でも少なからずあるようです。

子育てをしながら仕事で結果を出して出世する女性は、ほんの一握りに限られています。産休や子育てで時間的な制約も多くなるため、女性は男性に比べて仕事の経験が中断されるなどのハンディがあるからです。

《大賞》では、男女同一機会・同一賃金は当然として、女性のハンディを考慮した働き方の仕組みや、女性が働きやすい風土を重視しています。

大阪の特殊鋼の商社、天彦産業㈱は業種柄、男性の職場ですが、安倍首相が女性活躍で視察訪問した会社です。樋口友夫社長は社長就任以来、女性活躍の場の整備に取り組み、育休など女性が子育てをしながら働けるような制度をいろいろと導入しました。

しかし、効果があったどころか、むしろ女性社員間でギクシャクし出したのです。例えば、有休の制度を充実させます。鉄鋼商社の性質上、繁忙期と閑散期の差があります。しかし、休みが取れる制度になっているので、繁忙期であっても当然の権利として休む人が出てきました。

すると、他の女性社員からすれば、「この忙しい時期に、あの人は、よく休むよね」となったそうです。そこで樋口社長は、年度の初めに会社の壁に貼ってあるカレンダーに、女性社員の子供の運動会の日や結婚記念日などを書かせました。すると、「あなた、明日はお子さんの運動会よね。だったら大変だから、後は私たちがやるから、早めに帰ったほうがいいよ」と助け合いが始まったのです。

こうした経験から、樋口社長は安倍首相にも、「制度より風土だと思います。いくら制度を整えても、助け合いの風土ができないと女性活躍はうまくいきません」と提言しています。

《大賞》の候補にあがる企業は、高齢者雇用にも熱心に取り組んでいます。厚生労働大臣賞受賞の㈱クラロン（福島市）では、女性、高齢者、障がい者にとても優しい会社です。

クラロンの135人の社員は平均年齢45歳で、65歳の定年を過ぎても希望すれば正社員として働き続けられます。私が訪問した2014年は、70歳以上が3人、65歳以上が15人、最高齢は女性の管理職で79歳の方でした。

中小企業庁長官賞受賞の㈱日本ロック（浜松市）は、高齢者雇用のために㈱遠悠会を設立し、グループ全体で200人の社員のうち約50人が60歳以上の高齢者、約4分の1が65歳以上で正社員として元気に働いています。

経済産業大臣賞受賞の㈱マルト（福島県いわき市、2000人を超す地元密着の食品スーパー）は、すべての社員が何歳までも就業できます。2016年現在、最高年齢社員は74歳で、現場に出ていきいき働いています。

・実労働時間に対する教育訓練時間の割合は、5％程度以上ですか。
・中長期的な人材育成の観点から、社内教育制度を整備していますか。

経済産業大臣賞の㈱ツムラ（東京都港区）では、教育訓練時間比率が約10％です。日本の大学の医学部は全国に80ありますが、西洋医学が中心で東洋医学を教えるところはありませんでした。それがツムラの働きかけにより、現在、東洋医学を取り扱っていないのは1校だけです。

漢方の効用を医学部の大学教授にしっかりと伝えるのは簡単ではなかったと思いますが、社員教育を熱心に行ってきた成果でしょう。

中小企業庁長官賞受賞の清川メッキ工業㈱（福井市）では、遊び心たっぷりの教育研修を体系的に整備し、次のような取り組みをしています。

「共育」「環境道場」と「品質道場」を設置し、選抜された社員が企画し、講師となって指導しています。「環境道場」は毎年1回全社員が体験。「品質道場」は年間15人を選抜して次世代の若手を育成。また「Iビジョンサークル」（QCサークル）も23サークルが活動を実施。年1回の発表会でスキルアップを図っています。

［強育］「強育委員会」を設置。受けたいセミナーを委員会に申し込みます。応募の理由、熱意、効果などを委員会で判断し決定。セミナー受講後は3カ月以内に講師となり、社内セミナーを実施し、知識の共有化を図っています。

このほかにも業界全体の発展のために、メッキ技術の勉強会を同業参加可として、年に5回行っています。

・全社員に決算内容などの経営情報を、毎月公開していますか。

上場企業であれば、財務内容の公開が義務付けられているため、貸借対照表、損益計算書、キャッシュフロー計算書、有価証券報告書を、ステークホルダー（利害関係者）に限らず誰でも自由に閲覧できます。

一方、中小企業には開示義務がないため、東京商工リサーチの調査（2007年）では、取引先金融機関には87・3％が開示していますが、社員には26・3％しか開示していません。

過去6回の《大賞》受賞企業の多くは、開示義務のない中小企業であっても、社員に財務情報を開示しています。さらに、年に1回だけでなく、月次決算報告を行っている企業も少なくありません。経営情報を毎月開示することは、社員からすれば会社への信頼感を高めることになります。

経営情報を共有する最大のメリットは、全社員でのモチベーションアップです。社員一人ひとりに自分は経営に参画しているという意識が芽生え、業務へのモチベーションを高めることにつながります。

経営情報を公開すると、現場で働く社員から経営に関する意見を聞くこともできます。財務情報は企業活動の結果なので、活動の質が上がらないと財務状況はよくなりません。現場で起こる様々な事態を全社員が共有することは、企業活動の質の向上につながります。

逆に、経営情報を共有するには、労力がかかるというデメリットがあります。資料をつくり、共有の仕組みをつくらないと、回覧しただけではアクションにつながりません。社員の知識レベルを向上させるための勉強会や説明会などを開催する必要があります。

よい情報だけを伝えても意味がないので、悪い情報も伝えることになります。また、経営者が「社員に知ってほしくない」「社員が知る必要がない」と考えている情報を開示することにもなります。誤解を生じて不安を抱かせないように気を付ける必要がありますが、社員に財務内容をできるかぎり公開できるようにしていくことが重要です。

中小企業庁長官賞受賞の沢根スプリング㈱（浜松市）は、月次・中間・決算時の財務内容を全社員に公開して、約60人の社員と一緒に改善策を考えます。審査員特別賞受賞の化粧品販売㈱ルバンシュ（石川県能美市）では、全社員に毎期の決算内容を開示して、1人当たり利益、納税額、競合他社との比較を示しています。

審査委員をお願いしているので応募を控えてもらっていますが、おもてなし企業100選ほか数多くの賞を受賞している古田土会計（東京都江戸川区）は、「中小企業を元気にすること」をミッションにして、約2000もの顧問先を抱えている社員150人という規模の大きい会計事務所です。

この会計事務所が推奨しているのは、月次決算と経営計画書です。同会計事務所の経営計画書を見ると、トップである古田土満所長を始めとした役員の年収もオープンにしています。このように、透明性と納得性があるからこそ、社員はモチベーションが上がり業績も高くなるのです。

・社員の誕生日などメモリアルデイに、会社としてお祝いなどをしていますか。

審査委員特別賞受賞の㈱こんの（福島市、リサイクル）では、サプライズ誕生日を社員が相談して計画します。誕生日の人が好きな店を貸し切りにしたり、会社で部屋を飾り付けたりといった工夫で、とにかく本人が驚く演出をするのです。

また同賞の、アクロクエストテクノロジー㈱では、約80人の社員が、花一輪を持ちよります。所属の管理者が用意した花瓶は誕生日の方の机の上に置かれ、飾られた80本の花を見ながら一日過ごし、家に持ち帰ります。全社員の顔がほころぶ「心」のシステムで、社員の笑顔は会社を動かします。

実行委員長賞受賞の日本植生㈱（岡山県津山市）では、社員の誕生日には自宅に社長からのメッセージカードとともに線香とお菓子が届きます。線香を贈る理由は、１９５１年の創業以来、歴代社長の次の想いから継続しているものなのです。

「自分を育ててくれた恩返しのために、親の近くに住んでいる社員は線香とお菓子を持って親を訪ね、仏壇やお墓に線香をあげることを奨励しているからです。親と離れて暮らしている社員は、親への恩を思い出してほしい」

会社で社員の誕生日会を開くケースは、統計データはありませんが多くないでしょう。しかし、同賞の受賞企業の多くは、社員の誕生日会を工夫して行っているのです。

・正社員の年間平均転職的離職率は3％以下ですか。
（転職的離職とは、家族の海外転勤などのやむを得ない事情や定年退社などを除いた他の会社への転職により離職すること）
・社員の数が過去5年間で維持・増加していますか。

厚生労働省による新規学卒者の離職状況に関する資料一覧によると、学歴別2012年度入社の3年以内の離職率は、大卒32・3％、短大卒41・5％、高卒40・0％、中卒65・3％です。

この数字にはやむを得ない理由も含まれていますが、新卒、入社3年で考えると、家族の海外転勤などは少なく、多少の結婚退職があるとしても、大半が転職的離職と見ていいでしょう。そして転職的離職は、その会社にノーを突き付けていると捉えるのが自然です。

しかし実行委員長賞受賞のダイニチ工業㈱（新潟市）は、離職率は定年退職を含めても約1・0％です。責任ある仕事を任され、社員の定着率が高く、安心して働ける会社と地元新潟でも有名です。また伊那食品工業では、今までの過去20年以上の歴史の中で転職的離職が1人もいないのは驚異的です。

基準2 外注先・仕入先を大切にしているか

- 発注単価は双方が対等の立場で紳士的に決められていますか。
- 仕入先・外注先に対する支払いはすべて現金決済ですか。
- 締め後の支払いは20日以内ですか。
- 仕入先・外注先の責がないのに、依頼していた仕事を内作したことはありませんか。

中小企業庁は、下請取引価格の実態調査結果を2016年3月に発表しています。発注側の業績悪化による取引単価の引下げ要請があった企業は全体の53・7％であったのに、発注側の業績改善で取引単価引上げ要請があった企業は32・5％にとどまっています。業績悪化を理由に取引単価を引き下げて業績が改善しても取引価格を引き上げられないのは力関係によるものでしょうが、当事者でなくても不条理を感じます。さらに、発注側からの定期的な原価低減要請があった企業が43・5％と、最も多くなっています。

多くの企業が取引価格に「納得していない」と答えており、とくにトラック運送業、印

中小企業の取引単価についての納得度

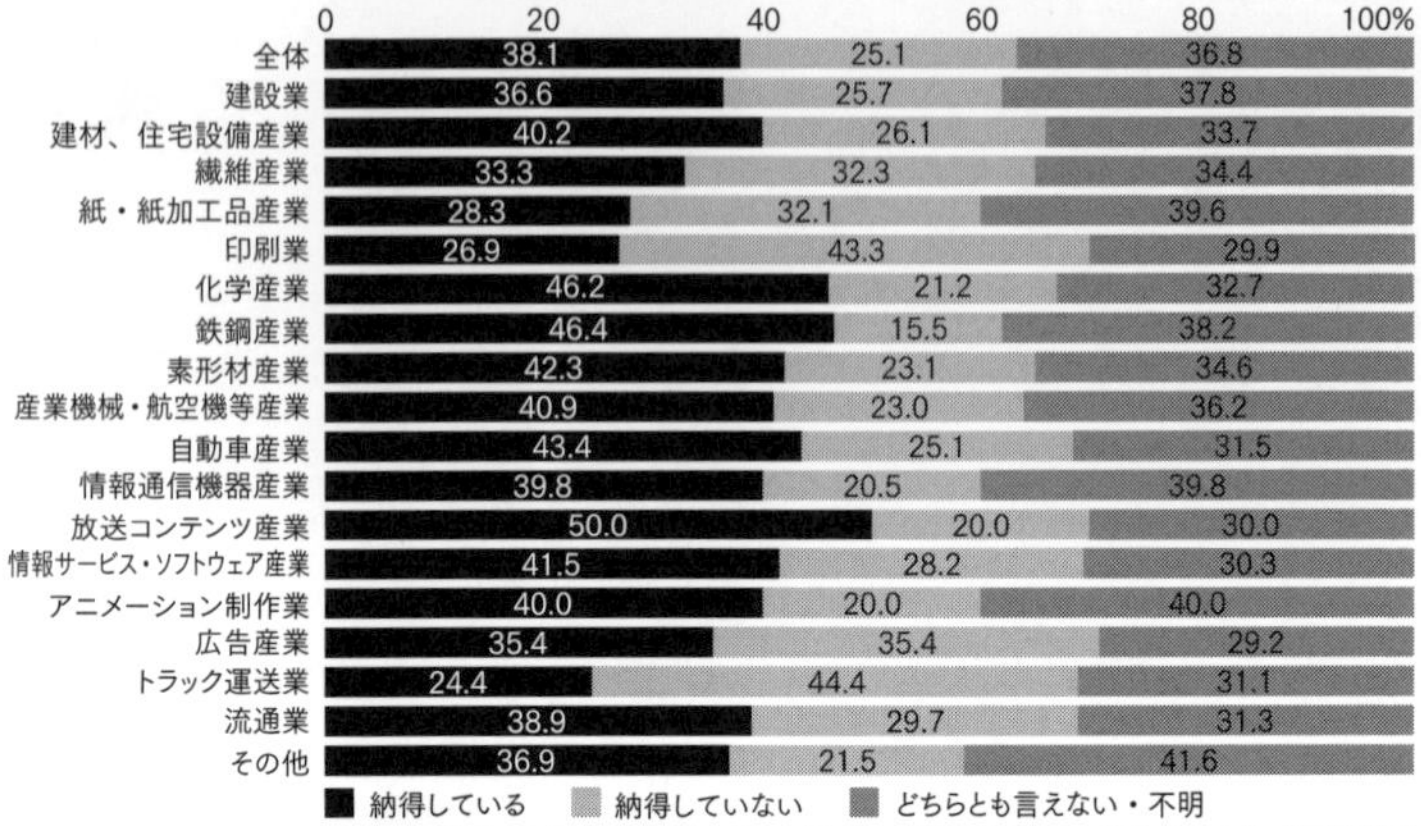

※調査期間は 2015 年 12 月 1 日～ 11 日、調査対象は中小企業 9406 社（民間調査会社が保有するモニター企業から選定）で回答数は 3857 社（回答率 41.0%）。

※イマージョン作成（不許複製）

刷業、広告産業では35％を超えています。こうした結果は下請企業の利益の圧縮53・9％、人件費の抑制44・1％というようにしわ寄せがいっているのです。

ある地方銀行の取引先向け講演会で知り合った電機関係の会社会長にお聞きしたのは、日本を代表する家電メーカーが下請に対して、ロードマップと称する3年計画の厳しいコストダウン要求をしているという話です。

現在、同社が行っていることの一つに「世界最適調達」があります。同社が一括で仕入れた材料を下請に提供し、製造分だけを発注するという方式です。しかも製造は中国などの海外で、日本人の協力会社の社員が現場に出向いて指導します。これでは協力会社に利益が出るはずがありません。

また、前任の責任者のときに仕様が決まってすでに仕掛かっている仕事について、後任の責任者から価格の見直しを告げられたという話も聞きました。

このようなコストダウン要求は、グローバル競争が激しいからということはわかりますが、常識を超えています。コストダウンを要求され続けているその会社は、今まで本当に一生懸命、地道にやってきた会社です。

長年がんばってきたその会長は、私に次のように言いました。

「自分の息子ほど年齢が離れている大企業の担当者から、上から目線で言われると情けなくなる。それでも昔はまだ愛情があった。今は一方的に言われるだけ……」

こうした話を聞くと、腹立たしいという思いを通り越してしまいます。これが、日本を代表し新卒で入社希望ランキング上位の会社なのかと。

審査員特別賞に選ばれた横浜でリフォームを営む㈱さくら住宅のリピート率は7割以上で、年間約2000件の工事実績があり、クレームもほとんどありません。「さくら会」という職人・取引先の会をつくり、職人・取引先に対する支払いを月末締めの翌月20日に、すべて現金払いです。

また12月に限っては、正月を安心して迎えられるようにと、20日締めの25日払いにしています。さらに年4回の研修などで職人・取引先との連携を強め、まさに共存共栄を行っています。

実行委員長賞受賞のダイニチ工業に夏場に伺うと、同社の主力商品の石油ファンヒーターが90万台も積み上げられていました。なぜ冬用の石油ファンヒーターを完成品で置いておくのか。その理由は、協力会社の仕事の量を年間で平準化するようにしているのです。

トヨタが確立したジャスト・イン・タイム（以下ＪＩＴ）という経営管理法は、「必要なものを、必要なときに、必要なだけ生産（供給）する」という考え方で、トヨタ生産方式の原点となっています。在庫を圧縮し、短納期、多品種・少量生産、コストダウンの実現を目指したものです。

しかしＪＩＴは、協力会社のどこかが在庫を持たないと機能しません。ＪＩＴはトヨタにとっては在庫を持たない仕組みですが、協力会社に在庫を押し付ける仕組みなのです。

基準3 顧客を大切にしているか

・新規顧客数が、過去5年間増加していますか。
・顧客の70％以上は、口コミ客・紹介客・リピーターですか。
・1年間にくる顧客からのサンキューレターの数は、社員の数を上回っていますか。
・顧客からのクレーム情報は、瞬時にトップまたは部門長にまで上がっていますか。

審査員特別賞を受賞した徳武産業㈱（香川県さぬき市）は社員100人ほどで、一人ひとりに合った靴を製作する、日本一のシェアを誇るケアシューズメーカーです。

主力商品の「あゆみ」は、特別老人養護支援施設を経営する友人から、「高齢者が転ばない靴をつくってくれないか」と頼まれたことがきっかけで開発したものです。

そこで500人のモニタリングから意見を収集し、お年寄り目線の製品づくりをしなければと考え、片足ずつの販売や左右でサイズや形が違うシューズに取り組み始めました。既製品の靴では、お年寄りは満足していなかったのです。

注文客には、アンケート葉書と社員からのメッセージカードを同封する仕組みをつくりました。すると、1年間に約2万通の返信が届きました。そのほとんどがお年寄りからの礼状だったのです。アンケート葉書には紙面を埋め尽くすほど感謝の言葉が並び、驚くことに社員個人への感謝の気持ちもしたためられていたのです。大企業では、多くのお客様がいるといっても、2万通もの感謝の葉書が来る会社はないでしょう。

もう一社、審査委員特別賞受賞の四国管財㈱（高知市）です。中澤清一社長の名刺には「お客様係&代表取締役」とあります。

クレームはその原因と対策を究明することで同じ失敗を繰り返さないようになるので、問題解決の最高のチャンスであるとし、同社ではクレームのことを〝ラッキーコール〟と名付け、クレームが上層部まで上がりやすいようにしています。

同社では、顧客からのクレームは、電話、メールなどで本社のお客様係に入ってきます。そのクレームを社内の専用ソフトに入力すると、中澤社長を含め10数人のお客様係全員の携帯電話にメール配信され共有します。その中の数人が対処方法を3分以内に決定し、2時間半以内に現場に駆けつけてお詫びすることをルール化しています。

解決後は、クレームについて関係部門で徹底的に話し合い、再発防止策を検討します。365日、24時間、クレーム対応できる体制を敷き、スピーディーに対応しています。

基準4　社会貢献をしているか

・過去3年間に、障がい者など社会的弱者を新たに雇用しましたか。
・障がい者の平均勤続年数は2013年度雇用実態調査における平均勤続年数（身体：10年、知的：7年9カ月、精神：4年3カ月）を上回っていますか。
・現在雇用している障がい者の賃金は、最低賃金以上ですか。
・障がい者の職務の遂行に必要な助言・指導を行う支援員を配置したり、支援機関からの支援サービス（地域障害者職業センターからのジョブコーチの派遣など）を積極的に活用していますか。
・障がい者就労支援施設・企業などから、商品やサービスの購入を意識して実践していますか。

審査委員特別賞受賞の日本理化学工業㈱（川崎市）は、「いい会社」を象徴する企業です。学校で使うチョーク製造を主とした会社で、社員81人中60人が知的障がい者です（内

27人が重度障がい者、16年6月現在)。

会社創立は1937年で、知的障がい者の雇用は1960年の2人がスタートでした。

障がい者多数雇用を目指したのは、禅寺の僧侶から「人間の究極の幸せは、①愛されること、②ほめられること、③人の役に立つこと、④人に必要とされることです。福祉施設で大事に面倒をみてもらうことが幸せではなく、働いて役に立つことこそが、人間を幸せにするのです」と教わったからです。

そして当時、特別支援学校の先生から「もしこの子が働けなかったら一生、働かずに終わってしまいます。働く経験だけでもさせてください」と毎日のように言われ、短期間なら と2人の女の子を受け入れたのがきっかけです。

毎日、その子たちが一生懸命働く様子を他の社員が見ていて、大山社長(現会長)に「もっと雇ってください。私たちが助けますから」と懇願したことが後押ししました。

その後、同社は人間が仕事に合わせるのではなく、その人の特徴に合わせて仕事の仕組みを変える工夫をすることで、現在では全社員の70%が障がい者で、法定雇用でいえば、100%を超える障がい者雇用率になっています。

業績のほうも順調に推移し、障がい者の社員のがんばりで国内チョーク業界でシェア30%を超えるトップメーカーとなり、重度障がい者でも企業の貴重な労働力になることを実証しています。

もう一社、審査員特別賞を受賞した㈱障がい者つくし更生会（福岡県）があります。同社は、大野城市と春日市の市民が出すゴミを分別してリサイクルをする仕事をしています。創業者の小早川茂夫顧問は戦争経験があり、シベリアで抑留生活を送ったあと日本に帰還しました。

戦争で肺を患った小早川さんを雇ってくれる会社はなく、仕方なく自営業を始めます。そして戦争で死んでいった友人のために、残りの人生は人のためになる仕事をしたい、自分のように職に就けない障がい者をつくってはいけないと、積極的に障がい者を雇用しています。同社の使命は次の通りです。

・障がいがあっても、物心両面の環境が整えば一人前の仕事ができる。
・障がい者と健常者は一体になれる。それを証明し伝えること。

社員38人のうち31人が障がい者で、重度障がい者が8人もいますが、健常者で運営する以上の生産性をあげています。グレーな業者が多い業界で、本当に細かい分別を行い環境に配慮した廃棄をしており、日本一だと思います。

その生産性と仕事ぶり、さらに小早川さんらが当時の市長に掛け合って実現した健常者と同じ賃金がもらえる条件整備などがあって、障がい者の作業所の全国平均の月の賃金が

1万5000円弱といったなかで、平均30万円、年収360万円を実現しているのは驚異的で、海外からも視察が絶えません。当時、日本で初めてこの条件で仕事を委託した市長も素晴らしいと思います。

同社では日本理化学工業と同様に、障がい者の特徴を考えて仕事そのものをデザインし、特徴が活かせる職場へ配属し、さらに根気よく、できるようになるまで教育をしています。

・非正規雇用から正社員への転換制度があり、かつ実績はありますか。
・非正規雇用労働者の待遇改善（賃金アップなど）に取り組んでいますか。

トヨタは、「東洋経済オンライン」のランキング発表では全社員33万8875人のうち、非正社員は8万5778人と25％に達しています。5年比季節社員比率の増加は45％で、全社員の増加率が7％であることからすると、明らかに非正社員を増加させています。人もモノと同じで、ジャスト・イン・タイムの発想なのでしょうか。

一方、中小企業庁長官賞受賞の㈱日本ロックは、自動車用電装部品の設計製造の社員は162人、家庭の事情で非正社員を希望する人以外は正社員です。パート社員の時給は、どんな単純作業であっても時給1200円からスタートして、徐々に上がっていきます。

中小企業庁長官賞受賞の㈱日本レーザーでは、嘱託社員にまで自社株を持たせています。同社は、元は日本電子という上場企業の子会社でした。金融面では安心ですが、人事や事業展開上の制約は当然あります。社員のモチベーションをさらに高め、より機動的に経営を推進していくためのチャレンジとして、2007年に株式の大半を買い取り、独立を果たしました。

こうした経緯により、現在の株主構成は役員持ち株会が53・1%、社員持ち株会が32・0%、以前の親会社である日本電子が14・9%。独立したことで役員の経営に対する責任意識はさらに高まり、社員の挑戦意欲も高まりました。

さらに2008年以降入社の正社員、嘱託社員にも出資のチャンスを与えようと、2010年に第二社員持ち株会をつくっています。派遣社員、パート社員を除く現在の役員、正社員、嘱託社員の全員が株主となっています。

正社員、非正社員の区別なく株主になったことでモチベーションが上がり、リーマンショックの厳しい状況下でも黒字経営を続けたのです。

お歳暮を社員に贈る会社も少ないでしょうが、ケーズデンキは正社員だけでなく非正規社員にも贈る会社です。中小企業であれば、正規社員と非正規社員を区別しないところがあるかもしれませんが、パートも含め1万3739名（2016年3月期連結情報）という規模の会社では、ほとんどないでしょう。

正社員は、自分の将来がかかっているために、頭のどこかで、いつも会社や仕事のことを考えます。単に人件費を抑えるために非正規社員を増やすことは、本当に効率的かどうかを問い直す必要があります。

時間的な制約その他の理由から、非正規社員のままで幸せな人もいます。非正規社員が幸せであれば、そのままでいいのですが、本人が正規社員を望み、正規社員と同じような仕事をしているのに、人件費を抑えるために非正規社員化を進める会社は「いい会社」とは言えないでしょう。

・本業以外の社会貢献活動を2つ以上実施していますか。
（具体的な内容を「特記事項」欄に記入してください）

味の明太子で有名な㈱ふくや（福岡市）は、日本で初めて液体式の明太子をつくった会社です。創業者の川原俊夫さんは、韓国の釜山で生まれ育ち、戦争中は沖縄・宮古島に出征し、戦後、博多に引き揚げました。

戦争で同僚や部下を亡くしたことで人生観が大きく変わり、人のために生きると決め、人のためになる事業は何かと考え、戦争直後の食料事情を見てふくやを創業したのです。

ふくやが地元博多で尊敬されているのには、理由があります。液体式の明太子を開発したときに、特許をとったらどうかという進言には耳を貸さず、商標登録もせず、教えを乞う人には製法を教えて回ったのです。

その際、「ふくやとは違う味にしたほうが店の特徴が出せる」とアドバイスしました。こうした経緯から、博多ではいろいろな味付けの明太子がつくられるようになり、今では、博多には個人事業も含めると約300社の明太子製造会社が誕生し、明太（スケソウダラ）の原産地ではありませんが、博多の街でつくられる辛子明太子は、日本のシェアの85%になり、博多の名産になりました。

また、売上約150億円で経常利益約7億円の20%強の1・5億円以上を毎年、博多の街に寄付し続けています。寄付をしているイベント、スポーツ・文化支援は150にも及びます。

《大賞》で表彰される会社は、例外なく社会貢献に熱心なのです。

基準5　企業永続を考えているか

・経営計画は全社員参加で策定していますか。

厚生労働大臣賞受賞の㈱エイチ・エス・エー（小田原市、医療・介護）は、1999年に設立して以来、毎年、経営計画書を全員参加で策定しています。11月の決算月に向かって6月に幹部が全体計画に取り掛かり、7月から各部門での部門計画作成が始まります。経営計画書を策定する上で、活動エリア内のマーケットシェアなど経営計画を策定する上でのチェックリストやマニュアルをつくり、部門ごとに作業がはかどるようにしています。新しい部門についてはまだ不備なので、幹部がつくり方を指導しています。

田中勉社長は、「でき上がった経営計画書を現場に渡しても理解することが難しいが、自分たちで策定すると意味合いが理解できる」と言います。そして、単に介護の専門知識だけでなく、経営計画を見て自分たちでもわかるように財務の勉強会を開き、数字から会社の状態がわかるようにしています。

また、審査員特別賞受賞企業のアクロクエストテクノロジー㈱では、社員80人全員が一堂に会して徹底的に話し合い、経営計画を策定しています。

財務情報に限らず社員の給料もすべてオープンにして、誰がいくらなのかを社員同士で確認し、もし不満があれば月に1回行われる全体会議で、貢献度と給料のバランス・妥当性などを話し合い、社員全員で修正します。

経営情報を全社にオープンにして、全員で経営計画を策定することで、経営の透明性と納得性を高め、会社への信頼や社員のモチベーション、オーナーシップ向上につなげているのです。

・売上高営業利益率は、同業種同業態の平均水準を上回っていますか。

《大賞》では、収益力を表す代表的指標の一つである「売上高営業利益率」に着目しています。これは営業利益を売上高で割ったものです。売上高を上げるためには、主に「売上を上げる」「固定費を下げる」「変動費を下げる」の3つの方法があります。

売上高営業利益率が高いということは、その会社が顧客から求められるものを提供していて、高付加価値経営ができている可能性を示しています。売上高経常利益率ではなく売上高営業利益率とする理由は、本業での利益に注目しているからです。

高い売上高営業利益率をどのように実現していくかは、第4章で詳しく書きます。ここでは、売上高営業利益率が低い理由を示しておきましょう。それは大きく3つあります。

第一に、価格競争に巻き込まれている可能性があります。２０１６年1月に、法政大学大学院坂本ゼミ研究室とフコクしんらい生命の共同研究で、価格に関するＷＥＢ調査を行いました。約8割の企業が価格競争に巻き込まれていると回答しています。

第二に、日本企業の下請構造です。中小企業庁の下請取引価格の実態調査（２０１６年）では、中小企業に占める下請中小企業比率が１９８１年に65・1％だったものが、１９９８年には47・9％、２０１０年には28％と減少傾向になっています。

要因としては、親企業の海外展開と内需低迷などによって、下請分業構造の流動化と希薄化が進み、国内製造業における下請取引が減少したことがあります。しかし、一般機械製造業や電気機械製造業などの主要業種では、下請中小企業は依然として分業構造の担い手としてわが国の産業基盤には重要な役割を果たしています。

下請取引に依存している企業を見ると、取引額の最も多い事業者への依存度が50％超の下請中小企業は約40％に達しています。そして、下請企業は親会社との力関係で十分な利益を出すことは難しい立場にあります。

第三に、販売費及び一般管理費の比率が高いことです。とくに本社スタッフが必要以上に多い会社、コスト意識が希薄な会社は、たとえ差異化できている商品・サービスを持っていても、利益率は低くなります。

《大賞》で表彰されるような会社は、例外なく、価格競争をしなくてもすむ商品サービスを持っていたり、ビジネスモデルを構築しています。そしてコスト意識も高いのです。

・業界、地域に比べ平均給与は高いですか。

固定費や変動費を下げることでも、売上高営業利益率を高めることができます。一般的には、社外の人に社員の給料水準までオープンにしている企業はありません。

しかし《大賞》の審査では、総人件費も確認しています。理由は、社員の給与水準を抑えることで、売上高営業利益率を高くしている企業もあるからです。

また、給与水準は地域によっても異なります。そのため、国税庁が定期的に発表している「民間給与の実態調査結果」などで水準を見た上で業界や地域と比較し、平均給与が高いかどうかを確認しています。

給与だけが社員にとっての幸せの指標ではありませんが、会社が社員を大切にしているかどうかの一つのモノサシになります。

・自己資本比率は33％以上ですか。

自己資本比率をなぜ重視するかについては第3章で詳しく書きますが、これは財務諸表の中でも企業の安全性がよく表れるものなのです。社員とその家族の生活を守ることが、企業で最も大切であることを考えれば、自己資本比率は数多くある財務諸表の項目の中でかなり重要な数字です。

自己資本比率とは、返済不要の自己資本が全体の資本調達の何％あるかを示す数値で、

自己資本比率＝自己資本÷総資本（自己資本＋他人資本）

の式で算出されます。自己資本比率が高いほど経営は安定し、倒産しにくい会社となります。一般的に、自己資本比率が70％以上なら理想企業、40％以上なら倒産しにくい企業と言われています。

ＴＫＣ経営指標のデータでは、自己資本比率の平均は、赤字企業でマイナス4％、黒字企業で27％、優良企業（黒字企業中上位15％）で53％となっています。

また、自己資本比率が高くなれば会社の信用アップにつながり、いざというときに借り

入れがしやすくなり、窮地を逃れることもできます。

これを高めるためには、税引後純利益の蓄積である利益剰余金を増加させるか、固定資産や売上債権、在庫などをコントロールして資産を減らし、上記計算式の分母である総資本を減少させる施策が必要となります。

《大賞》の一次審査の基準は、業種業態による違いなども加味しますが、基本的には33％以上に設定しています。

通常、大企業は金融機関からの借り入れに加え、社債発行や株式発行で資金調達できますが、中小企業は金融機関からの借り入れに依存せざるを得ないことから、大企業に比べて自己資本比率は一般的に低くなる傾向があります。

しかし、《大賞》の表彰を受ける会社は、中小企業であっても多くは50％を超えており、80％を超える会社も珍しくありません。

・年間人件費と内部留保、正社員と非正社員の比率はどうですか。

一次審査を通過した企業に二次調査のヒアリング訪問したときに内部留保を確認しています。震災などで、予期せぬことで会社が厳しい状況になったとしても、社員に給料を何年間払うことができるかは、社員とその家族を守る上で重要だからです。

日本企業は98年以降、内部留保を急速に積み増してきました。財務省の「法人企業統計」によれば、88年159・6兆円、98年209・9兆円と、10年間で50・3兆円しか増えていません。しかし、09年441・0兆円と、11年間で231兆円も増えています。

日本企業の売上高は、98年度は1381兆円でしたが、09年度は、逆に1368兆円とマイナスになっています。売上高が増えていないのに内部留保を増やせた背景には、賃金の切下げや派遣労働者など非正規労働者の大量雇用と大量解雇など、労働者の犠牲、下請への厳しいコストダウン要求があるとも言われています。

98年度以降、民間労働者の賃金総額は年々減少し、98年の222兆円から09年には192兆円へと30兆円も減っています。そこに非正規労働者の大量活用が加わって、コスト削減の大きな要因となりました。

非正規労働者は、98年の1173万人から09年には1721万人と548万人も増加しました。雇用者に占める非正規労働者の割合は31・5％にもなっています。非正規労働者の賃金は正規労働者の5～6割であるため、非正規労働者の比率を高めれば、企業は大きな利益を出せるのです。

内部留保を雇用に使おうという政府の呼びかけに、大企業側は「内部留保は設備になっているので難しい。一定の内部留保は企業の安定を担保するために必要」という反論をしています。しかし実際には、設備投資は土地・工場・機械など「有形固定資産」は増加するはずですが、最近の10年間の推移を見ると98年度の498・5兆円から09年度は459・1兆円と40兆円近くも減少しているのです。

努力をしない中小企業を擁護するつもりはありませんが、非正社員化を進めて、自社の人件費を抑えて内部留保を行う会社を「いい会社」といえるでしょうか。

問題提起をするために、また日本を代表するグローバル企業として誇りに思う面もあるからこそ、あえて実名を挙げます。坂本教授が訪問したある地方のある会社は、「ことトヨタの取引に関しては赤字」と言いました。トヨタは確かに強い会社ですが、協力会社にも優しく尊敬される会社であってほしいと思います。

一方、内部留保ばかりが積み上がることに批判的な意見も多く見られますが、一定の内部留保は必要です。企業の体力が十分でなければ、社員の雇用も維持することができないからです。

経済産業大臣賞を受賞したスーパーマルトは、東日本大震災発生当日から、地域のインフラとしての責任を果たすべく、社員が自主的に店を開けた感動の会社ですが、その月に、社員が希望を持てるように、会社の売上がどうなるかが見えない状況で、パートも含めて全員に一時金を支給しています。内部留保をしていたからこそできたのだと思います。

以上のような理由で、《大賞》の審査では、一定の内部留保を持ち、不測事態があったとしても、少なくとも1年以上、理想的には2年くらいは、社員に給料を払い続けられる備えをすることを重視しています。

さらにその内部留保が、大企業が批判されているように、給料を抑えたり、非正社員を増加させたりといったことでないかを併せて確認しています。そして、《大賞》に表彰されるような会社は、ほとんどが社員とその家族を守るための備えをしています。

・研究開発費（市場調査費など）に、売上高の1％以上を投下していますか。

伊那食品工業は、その経営思想や商品「かんてんパパガーデン」などは有名ですが、事業の具体的な特徴については、あまり知られていません。

じつは、社員500人の10％、約50人が研究開発部門にたずさわる技術開発型企業です。硬い寒天からゲル状の寒天までの商品ラインアップをさらに広げる研究をし、新素材の開発も行うことで、常に寒天の世界を広げてきました。

伊那食品工業の特徴の一つは、大手企業と共同で研究開発することです。自社で他業界の商品を開発すれば膨大なコストがかかるので、大手企業に新素材を持ち込んで新製品への応用を検討してもらい、共同開発に取り組んでいます。

自社が開発した素材を提供し、食品業界に限らず医療・化粧品などのメーカーとの共同開発で、寒天製品の市場を広げてきています。大手から仕事をもらうのでなく、高い技術を武器に大手に仕掛けていくことで、同業他社と戦わずして勝つ戦略です。

また、高品質、大量生産のノウハウも蓄積して、ネタ切れにならないように、常に開発技術・商品をストックし続けることで、新たな商品、新たな市場を開拓しています。

・後継者はいますか。

企業経営者の一番の仕事は、次の経営者を育てることです。中小企業庁長官賞を受賞した沢根スプリング㈱の事業継承と後継者育成は見事です。

沢根好孝現会長は、20数年前に息子の沢根孝佳現社長に経営を引き継ぐときに、「社員の定年が60歳だから、自分も60歳で退く」と言って社長の座をあっさりと譲ってしまいます。そして経営には極力口を出さず、会社に出ることも少なくしました。ただ、失敗させないために最も信頼している番頭さんを補佐としてつけました。

同じく中小企業庁長官賞を受賞した清川メッキ工業㈱の強みは、携帯電話の部品にも使われるミクロ、ナノレベルの極小電子部品のメッキ加工です。月に50億個の加工品を製造しても不良品を出さない品質管理のレベルは、安倍首相が海外の企業視察では清川肇社長も同行してもらい説明を聞くくらいの高い評価です。

創業者清川忠会長の長男が社長、次男が専務、三男が常務といった典型的な中小同族経営です。会長は3人の息子を大企業で鍛えてもらい、長男は技術開発、次男は品質管理、三男は総務人事と、役割を分担して会社を発展させてきました。役割は清川会長が決めたものではなく、あくまでも3人が力を合わせて業務をこなしていった結果、補完的に役割分担ができ上がったのです。

以上、《大賞》の第一次審査項目を紹介してきました。普通の会社のトップの中には、「景気、政策が悪い」「業種業態が悪い」「規模が小さい」「ロケーションが悪い」「大企業、大型店が悪い」などと言い訳をする人が、少なからずいます。しかし《大賞》で表彰されるような会社は、このような言い訳はしません。どんな厳しい条件下にあっても、人も羨むような業績を続けて、関係者を幸せにする取り組みを行っています。

第3章

「いい会社」の経営の特徴

「いい会社」に共通する10の特徴

「幸福な家庭はすべてよく似たものであるが、不幸な家庭は皆それぞれに不幸である」トルストイの『アンナ・カレーニナ』冒頭の言葉です。

坂本教授は、今まで40年以上にわたり、7500社以上の企業視察訪問をして研究してきました。現在も継続中です。そして、《日本でいちばん大切にしたい会社大賞》の審査委員長として、毎年12月～1月にかけて、一次審査を通過して二次審査に選出された全国に散らばる約20～30社を自費でまわり、自分の眼で審査しています。

審査委員は20数人で、公認会計士、社労士、弁護士などの士業の方に加え、実績のある企業経営者を中心に構成されています。審査委員は3～4人が候補1社を訪問し、複数の目で審査します。

坂本教授は審査委員長として、今まで訪問したことがない会社には必ず訪問し、基本的には二次審査に送出された企業はすべて訪問しています。

このように現場をつぶさに見続けてくると、古くはオイルショック、バブル崩壊、リーマンショックといった厳しい時代でも、「いい会社」は景気を超越して業績もぶれないことがわかると言います。そして、トルストイの言葉と同じように、よく似たところ、つまり共通点があるというのです。

第4章の「いい会社のつくり方」に入る前に、「いい会社」と言われる会社の企業経営の特徴について整理して、その共通のイメージ、指標となるものをつかんでおきましょう。

坂本教授は、「いい会社〜景気超越企業の特徴」として、次の10項目を挙げています。

①大家族的経営――人本主義経営
②全員参加経営
③年輪経営
④バランス経営
⑤理念経営
⑥社会貢献経営
⑦市場創造経営
⑧感動経営
⑨非価格経営
⑩自己資本重視経営――BS経営

以下に、それぞれの内容を見ていきましょう。

特徴1　大家族的経営――人本主義経営

家族関係の団結の強さを生かす

「大家族主義」とは、会社全体を家族とみなし、社員は家族の一員と考えるというものです。なんらかの縁で入社した社員に、子供が生まれた気持ちで接します。

経営トップである社長は、父であり母です。管理職は兄・姉です。社内のすべての事柄は、親であり子であり兄弟であるという気持ちで解決していくのが特徴です。

家族だから、時には喧嘩もするでしょうし、できのいい社員もそうでない社員もいるかもしれません。しかし、家族であればできの悪い社員をリストラなどしません。何かの事情で家計の収入が少なくなれば、口減らしをするのではなく、親がご飯を我慢したり、家族全員で少しずつ食事の量を減らしてでも、厳しい状況を乗り越えようとします。

大家族主義の下に全社員が人としてのつながりを大切にしながら、親子兄弟のような気持ちで仕事をし生活をしていくことは、最も望ましい人間の生き姿であり、ここにこそ真の団結が生まれ、最大の力が発揮されるという考え方です。

『海賊と呼ばれた男』がベストセラーになりました。主人公である出光興産創業者の出光佐三が唱えた「大家族主義経営」は、人間尊重の「人本主義経営」でもあります。

人は材料でなく財産である

受賞企業の多くは、「人材」を「人財」といいます。人は材料ではなく大切な財産であり、人こそが企業にとっての資本だという思いが込められているからです。

1980年代後半、伊丹敬之教授（当時一橋大学、現東京理科大学）は、自著『人本主義企業』で、次のことを主張しました。

「資本主義社会では、経営は経営者・管理者が経営の意思決定を行います。一方、人本主義社会では、同一の相手と長期継続的に取引関係ができ、その関係の維持のために共同利益を最大化し、利害の調整をしています。人本主義経営は人を最も重要な資源と考え、人と人との関係を企業内外で継続的かつ円滑にする考え方です」

人間はお金の奴隷になるのではなく、人そのものの存在を尊重し、人の判断を尊重するという考えです。

人を大切にする経営学会の常任理事も務めていただいている島津明人東京大学准教授が司会を務める「健康いきいきフォーラム」の勉強会で私が大家族主義経営のことを話した際、参加した大企業の上級管理職の方から、「大家族主義はぬるま湯的、馴れ合い的になってしまうのではないか」という質問がありました。

私は、㈱ふくやの経営理念である「強い会社・いい会社」の話をして否定しました。ふくやの川原正孝社長は、次のように経営理念の意味合いを説明しているのです。

「社会に貢献するにはお金がかかる。だから、しっかりと利益を出さなくてはいけない。問題は、利益の使い方がきれいかどうかだ。そのためには、どんな環境であっても、利益を出すことができる強い会社でなければならない」

ふくやに限らず「日本でいちばん大切にしたい会社」は、厳しい面も併せ持っています。では、なぜ厳しくてもがんばれるのかです。それは、社員に安心感があるからです。また、経営者の利益のために働いているのではなく、最終的に社員や地域のためにといった信頼感があります。家族であるという安心感は、組織に一体感を生み仕事が効率的になります。また、家族だからこそシコリを残さず、安心して言いたいことが言い合えるので、いやらしい足の引っ張り合いがなく、効果的なコミュニケーションが促進されるのです。

受賞企業の多くは、人を尊重するには尊重されるに足る人でなければならないという考え方を持ち、人間教育に熱心です。

審査員特別賞受賞のフジイコーポレーション㈱（新潟県燕市、除雪材・草刈機）は、150年の社歴の中で、何度も危機に陥った会社です。とくにリーマンショックでは、非常に厳しい状況に追い込まれました。しかし創業からの歴史の中で、リストラをしたことは一度もありません。

そればかりか社員の家族が介護を必要とする場合などは、働き方や働く時間を考えます。いつも社員を家族のように考えているので、長期入院の末に他界した社員は遺言で「御柩に入るときは、フジイコーポレーションの制服で入れてほしい、最後に運ばれる時には、いつも通勤していた道を通って欲しい」と残し、実際にそうしたこともあります。

実行委員長賞受賞のＬＦＣ㈱（岐阜県）は、一風変わった物流倉庫会社です。単に荷物を預かり配送するだけでなく、ディズニーランドをベンチマークして、「感動倉庫」と呼ばれています。同社は、創業以来、「大家族主義経営」を標榜し、年齢、性別、障がい、国籍などを越えて、多様な方が働いています。その大家族主義経営を象徴するエピソードがあります。

同社は障がい者雇用にも熱心で、ある障がいのある社員が、自動車免許を取りたいと思い挑戦しますが、13回チャレンジしても受かりません。しかし、社員は家族といったことが根付いていますから、声を掛けて励ましたり、試験が近くなると勉強の時間が必要だといって早目に帰らせたりして、社員全員で応援しました。そして14回目に合格したときは、全員で拍手をして大喜びしたのです。

特徴2 全員参加経営

現場の情報力・知恵を総動員する

「全員参加経営」とは、会社の経営理念に基づき、経営ビジョン・経営計画策定後の実行段階にまつわる社内のすべての業務プロセスに、全社員が知恵を出し力を結集していく経営です。

経営方針や部門方針などを十分に理解した上で、社員一人ひとりが自発的に考えて行動します。また、日々の業務の中で自分が経験したことや収集した情報を全社に積極的にフィードバックし、必要に応じて方針変更の提言などもできるようになっています。

ジム・コリンズの『ビジョナリーカンパニー』に「時を告げる人ではなく、時計をつくる人」という言葉があります。方向性を示すカリスマ型経営者に頼った経営は、その経営者が去れば会社は衰退してしまいます。しかし仕組みがあれば、会社はビクともしません。

全員参加経営は、単なるボトムアップ型経営ではありません。日本には、小集団活動が盛んな時代がありました。ＱＣ（クオリティー・コントロール）活動といっても通じない世代が多くなりましたが、１９８０年代はＱＣ活動が盛んで、その後、日科技連がＴＱＣ

（トータル・クオリティー・コントロール）という全社運動に発展させていきました。それも一時ブームにはなりましたが、長くは続きませんでした。

ワンマン経営と比較してみる

全員参加経営がうまく機能するには条件があります。まず、全員参加経営とは真逆の「ワンマン経営」について考えてみましょう。これは嫌われがちで社員の評判もよくないのですが、実際に業績拡大を成し遂げた企業には、このケースが少なくありません。

ソフトバンクの孫正義ＣＥＯは即断即決で有名で、リスクはあっても次々と意思決定するスピード経営でチャンスをつかんできました。ソフトバンクは規制緩和を機会ととらえ通信分野で大暴れしましたが、半官半民のようなＮＴＴとの意思決定のスピードとリスクテイキングの違いが、成長に差をつけたことは明らかです。

ただし、ワンマン経営は危機と背中合わせの経営でもあります。

第一に、どんな優秀な経営者でも年を取るということです。毎年一つずつ年をとり経営判断が鈍くなる一方で、事業環境はものすごいスピードで移り変わっていきます。70歳を超える超ワンマン経営者が継続的に現場に出て指導していても、いつの間にか完全に時代遅れになっているということは少なくありません。しかし実績をあげ、人事権を持っている人に逆らうことはなかなかできません。

第二に、上に目が付いたヒラメ社員をつくってしまうことです。言われたことしかやってこなかった社員では、思考する、判断する、決断する人財に育ちません。超ワンマンの思考力に企業が頼ってきたために、幹部社員はすべて超ワンマンの手足であって、頭ではないのです。頭を育てる気はなく、自分の役割を継ぐ人財が現れても、排除してしまう傾向にあります。

第三に、経営者と現場の情報がかけ離れてしまうことです。市場や顧客の動きを迅速にキャッチして、それに機動的に対応することができなくなってしまうのです。逆に、全員参加型経営は、たえず市場、顧客に近い情報が上がり、迅速に意思決定できるというメリットがあります。

実行委員会特別賞を受賞した巣鴨信用金庫（東京都豊島区）は、自らを金融業ではなくホスピタリティー業と位置づけて、現場の声を大切にしています。同金庫で行われているのは「車座会議」です。田村和久理事長を囲んで、新入行員も含めて、まさに現場で起きていることについて定期的に意見交換を行い、事業計画に活かします。ここでは、いい情報ばかりでなく悪い情報も上げて解決策を検討します。

経済産業大臣賞受賞のサトーホールディングス㈱（東京都目黒区、社員4861人）は

「三行提報」という独自の仕組みを持っています。これは毎日、全社員がトップに提案や報告を3行127文字で書くものです。

ストライキを経験した創業者が「日頃から社員の声をきちんと聞いていればストは起きないだろう」という反省から、1976年に始めたので、すでに40年続いています。今では世界各国から、様々な言語で提案が上がってきます。

幹部が、その提案をさらに50本ほどに絞り込んだものを松山一雄社長に届けます。松山社長は毎朝早くに出社して、上がってきた提案に対する回答や考え方を書いてフィードバックします。

同社は、創業以来赤字になったことはありません。現場の声の中に与信情報も含まれていることがあり、リスクマネジメントにもつながっています。

全員参加経営を実現するには、社員からの提言などについて広く門戸を開いているという受け身ではなく、社員が参加せざるを得ない仕組みや、社員が自主的に参加したくなる雰囲気をつくるための能動的な働きかけが必要になります。

さらに、部分の積み上げで全社運動になった当時のTQCではなく、経営理念・経営方針をしっかりと基軸にした上で社員全員の参加を目指すことが、全員参加経営を機能させる上でポイントになります。

特徴3　年輪経営

適正な成長スピードで経営基盤をつくる

「年輪経営」は、48期連続で増収増益を続けた伊那食品工業㈱の塚越寛会長が提唱する経営のあり方であり、ゆっくり着実に歩む経営です。

気候の周期的な変動がほとんどない熱帯では、樹木に年輪はできません。熱帯産のラワン材に年輪がないのはこのためです。ラワン材の生育スピードは非常に早く、空高く伸びていきますが、自分の重みでボキッと折れてしまうそうです。

年輪経営とは、ラワン材のような急速な成長を目指さず、杉や檜のように樹木が毎年、年輪を重ねていくように、ゆっくりと、でもしっかりと基盤をつくりながら成長させていく経営のことです。

急成長を目指す経営は、急角度の山を登る、あるいは猛スピードで走る車のような経営です。どちらも何かが起きたときには、転落や衝突事故に遭遇するリスクがあり、大きなダメージをこうむります。これに対して緩やかな山であったり、適正スピードでの走行であれば、もしものときのダメージは小さくてすみます。

組織成長が生むリスクを抑える

経営の急成長には、大きく3つのリスクがあります。

第一に、財務上のリスクが発生します。固定費が膨れ上がり、売上が停滞したり下がると赤字になり、最悪の場合は倒産に至ります。また、ビジネスによって事情は異なりますが、売上入金のサイクルと仕入原価や外注費、人件費の支払いのタイミングが前後合わないことがあります。支払いをしてから売上入金が入ってくるケースです。急成長すると、事業は絶好調なのにキャッシュは減少することになります。原価のほかに経費もかさむので、さらに資金繰りが厳しくなってしまいます。

第二に、組織上のリスクも発生します。まず、人の成長が追い付きません。規模が小さなうちはワントップフラットでも運営できますが、人が増えても管理者が育たないとマネジメントが機能しなくなります。また、会社が成長すると優秀な社員が入ってきますが、部下と上司の能力の逆転現象が起きることがあります。さらに、組織の仕組み化が追い付かず、内部崩壊の危機に陥る可能性もあります。会社のルール、人財育成、日常的な決裁、指示命令など、会社を運営していく方法の仕組み化を進めて標準化することで、それまでトップが直接行っていた仕事を間接的に行うように変える必要が出てきます。

第三に、時として会社を取り巻く関係者を不幸にするリスクがあります。第1章で述べたように、業績追求が過度になれば、押し込み販売や偽装販売、買い手であることの強い立場から取引先に無理なコストダウンや値引き要求をするかもしれません。しかし、こうした強圧的な行為で一時期利益を得ても、長期でみれば必ずしもいい結果をもたらしません。まず、無理な要求をされた企業は、さらに自社の仕入れ先や社員に無理な要求をせざるを得なくなるといった連鎖により、悪循環に陥ってしまうのです。

年輪経営は、人の成長に合わせた売上目標の設定や人員増などを連動させる経営です。人の成長を超える売上や規模は、環境が追い風でバブルっているか、無理をしているか、どちらかです。ストレッチした目標が人を育てるといった面もありますが、過度なストレッチは、前述のような様々な弊害を起こし、ひいては自分に返ってくるのです。

《大賞》で表彰されるような会社は、例外なく急成長を望んだ経営はしていません。受賞企業の中でもっとも大きな会社は、実行委員長賞受賞の「がんばらない経営」で有名な㈱ケーズデンキホールディングスで、ヤマダ電機など同業と比べるとかなりゆっくりです。

加藤修一相談役は、「一位になった会社はやがて衰退してしまうので、ゆっくりと成長することを目指しています」と、大きくなることを目的にせず、あくまでも関係者の幸せを大切にするために、決して無理をせず、がんばらない経営をがんばっているのです。

特徴4　バランス経営

受注先の請負配分のバランス

バランス経営には、2つの意味があります。

第一は、知名度、イメージ、信用、社員のやる気など、あらゆることに気を使ってバランスを取ることです。

数字に表れた「有形の資産」の内容がいくらよくても、数字では表せない「無形の資産」が悪かったら、将来が心配になります。今だけを考え将来の備えができないようでは、会社全体のバランスを考えたら、伸びている部門をあえて抑えなければならないこともあるでしょう。

第二は、特定の顧客・商品サービスに過度に依存しない経営のことです。

ある商品・サービスに依存していたために、他社から類似商品を出された途端に業績を落とすこともあります。また、特定顧客のシェアが高すぎると、そのお客様との取引がなくなると大きなリスクになります。取引先がバランスよく分散することが重要です。

坂本教授のところに、ある大手家電メーカーの取引先トップが訪ねてきたことがあります。そのトップは、「仕事をいただいている大手家電メーカーから、発注量が来月から半分になると言われました。なぜ、もっと早くに言ってくれなかったのかと怒ったのですが、どうしたらいいでしょう」といった相談内容です。

坂本教授は、「大手家電メーカーの対応は問題だが、トップとして、あなたもしっかりやらなかったのも問題だ。リスクを考えて取引先を分散しないといけなかったのではないか」と答えたのです。

受注製品と自社製品とのバランス

中小企業庁長官賞を受賞した沢根スプリング㈱で、二代目の沢根孝佳社長が就任したのはバブルが崩壊したときです。

1980年代にジャパン・アズ・ナンバーワンと言われ、世界中から日本的経営に学べと学者や実務家が来日しましたが、今ではアジアに世界の生産拠点が移り、年間2万の工場が海外に出て行っています。ちなみにこの10年で、浜松では3割の企業が廃業しています。規模の小さな会社に大手自動車メーカーから仕事が急に来なくなるという事態が発生しているのです。

また、グローバル競争のなかで、大手メーカーからのコストダウン要求が非常に厳しい状況を生んでいるのはご存知の通りです。創業当初、輸送関連企業が取引先の中心であった同社は、まさに系列のピラミッド構造の二次三次の下請けでした。

沢根さんが20年前に社長に就任した当時と比べると、某自動車メーカーからのバネ発注量は半分になっています。さらに毎年、コストダウン要求は強くなる一方です。

そのため、自社商品の強化を進めました。

一つ目は、特殊バネの製造販売です。例えば、体操の床運動の床下のバネは特殊なもので（バネが入っているため体操選手は大きなジャンプや空中での回転ができる）、数量は多くないものの、適正な利益が出ます。

二つ目は、生産財の通信販売です。始めたのは28年前、業界初でした。関連会社のサミニ㈱では2５００社を相手に売上3億円の通販をやっています。また全国2万５０００社に1個からのバラ売りで標準品を即日発送します。小口フリーサイズ品で最短2日という短期間発送です。

特徴5　理念経営

すべての経営は理念を中心に動かす

理念経営とは、「誰のために、何のために、この会社は存在するのか」という明解な目的を土台として、目標をもち実現していく経営です。経営理念が大切とよくいわれますが、経営理念とは一体何でしょう。

・経　営：方針を定め、組織を整えて、目的を達成するように持続的に事を行うこと。
　　　　とくに会社事業を営むこと。
・理　念：物事のあるべき状態についての基本的な考え。
・経営理念：会社事業を営む上での基本的な考え。（以上、三省堂「大辞林」より）

つまり「経営理念」とは、事業遂行における基本的価値観と目的意識であり、われわれは何のためにこの会社に集まっているのかを表したものです。そして、経営理念の経営と理念を逆にした「理念経営」とは、企業理念を経営の土台のど真ん中に据えて取り組んでいく経営のことをいいます。

理念経営では、お客さまや取引先との関わり方、新商品の開発、社員の採用・育成など、すべてが経営理念に合致するかどうかを照らし合わせながら、意思決定していきます。そのため、たとえどれだけ多くの売上があがり利益が出ようが、成長が期待できようが、経営理念に沿わないことはしません。

理念経営では、経営の決め手は「人」にあります。理念・目的が同じで、会社と自分の未来が同じ方向を向いている社員を採用し、育成することを大切にしています。なぜなら、会社は、社長から組織の構成員まで全員が個の集合体であり、目標達成のための方法論は異なっても、土台である理念が個人の想いとかけ離れていたら、会社も個人も不幸になるからです。

どのような会社でも、人が複数集まって活動すれば、必ず価値観の衝突が起きます。そうならないためにも、経営理念は企業経営に重要な機能を果たすのです。経営理念に沿った同じ価値観や志を持つ人を採用し、たえず会社の理念と社員の想いを確認していくことで、社員一人ひとりを同じ目的に向かわせていくことができます。

理念を利益につなげる仕組みづくり

経営理念を定めて社長室の壁に飾っているだけでは、本来の機能を発揮できません。立派な経営理念を毎日のように朝礼で唱和しても、きれい事と感じる社員もいるでしょう。

ですから、理念を利益に変える仕組みが必要なのです。具体的には、確信を持てる商品を売る、やる気の出る環境を整える、やる気があり価値観が合う優れた人材を採用する、採用した人材を一人前に育て上げる……といった仕組みづくりに熱心に取り組むのです。

第4章で、経営理念のつくり方や、共有化・浸透について詳しく書きますが、企業の存在意義そのものである経営理念がない経営は、糸の切れた凧のように、一貫性がなく流されていく経営になってしまいます。

㈱坂東太郎は、四世代から愛され、茨城県を中心に関東一円にファミリーレストラン「ばんどう太郎」など70店舗近くを展開する笑顔いっぱいの外食グループです。「坂東太郎」という名称は、利根川の異名でもあり、「坂東（関東）にある長男格の（日本で一番大きい）川」という意味です。

同社は、一風変わった経営理念「親孝行人間大好き」を掲げています。「親」とは、目上の人、上司、先輩、親、すべてお世話になった人、「孝」とは、相手に理解していただくまで誠心誠意尽くすこと。「行」とは、自らの行動で実行し続けるといった意味です。

一般的には、多店舗展開すると接客サービスにバラつきが生じるので、接客マニュアルをつくり、お客様がどの店舗に訪れても、同じ言葉で迎えられます。

しかしマニュアルには、経営理念である「親孝行」の気持ちは入っていません。そのため、多店舗展開している外食店には珍しい、マニュアルなしの経営理念を判断基準として、現場の権限で運営されているのです。

実際に、経営理念の「親孝行」を共通の価値観とし、権限が付与された女将さんの独自の判断で、次々と感動のサービスを生み出して、エピソードになっています。

同店では、お客様の来店時に女将さんが店から飛び出して「店の外で出迎える」「常連さんは名前で呼ぶ」といった「親孝行」に通ずるサービスを行っています。これは、接客マニュアルに則って決まり切ったサービスを提供しているファミリーレストランでは、絶対に真似できません。

同社を訪ねると、お客様からのお礼の手紙が山のように積まれています。まさに理念経営を実践しているからこそ、お客様からの厚い支持が続いているのです。

特徴6　社会貢献経営

会社を一人の市民と考える

「企業市民」という言葉があります。企業は利潤追求の前に、よき市民でなければならないという考え方です。企業の社会的責任として、地域活動やボランティア活動、寄付、環境保護などをすべきという考え方は、資本主義の限界が指摘されるなかで、ますます高まってきています。

「社会貢献経営」とは、この企業市民の意識を持って経営していく考え方です。第1章で、「いい会社」は利益が上がったから、大きくなったから、そろそろ社会貢献をといった順番ではなく、社会貢献を前提に経営を考えている、といったことを書きました。

まさに、「理念経営」とも親和性が高い経営です。この社会貢献経営について考えてみましょう。

まず、社会貢献に関わる言葉は多くあるので、整理しておきます。企業の社会的責任として、CSR（Corporate Social Responsibility）という言葉が当たり前のように使われるようになりました。

CSRへの取り組みとして、企業は利益の向上だけでなく自らの活動が地球環境や社会に負荷をかけていないか配慮する責任があります。環境、人権、健康、安全、社員の幸福水準など、企業の社会におけるすべての責任のことをいいます。

日本におけるCSRの歴史的な取り組みは以下の通りです。

1960年代～1970年代…公害が社会問題になり、企業の社会的責任が叫ばれた。

1980年後半～1990年前半…金余り日本の利益還元として、メセナ、フィランソロフィーが行われた。

1990年代………社会貢献活動を行うNPO活動が活発に。同時期にマーケティング学者コトラーがソーシャルマーケティングを提唱。

2000年代前半…企業不祥事が相次ぎ、再び企業の社会的責任が叫ばれ、社会貢献と併せて重要視されるようになった。

2000年代後半…戦略的CSR、企業の社会価値が競争力として捉えられた。CRM（コーズ・リレーティッド・マーケティング）として、大義を掲げることで共感を得るマーケティングが提唱された。

2010年代………CSVとして、社会課題を責任ではなく課題と捉えて、社会価値と経済価値の実現を目指す。

以上が、歴史的に見た社会貢献、社会的責任ですが、戦略的CSR以降は、営利的な要素が加わってきています。従来の価値は、品質、機能、価格などを訴求してきました。これに対してCSVが提唱する価値は、この3つに社会課題解決（大義）、新しいルール（新秩序）を加えて訴求していきます。

つまりCSVを推進する企業により、社会課題解決を実現するという〝大義〟を高らかに掲げ、その魅力を訴求することで、お客様だけでなく政府や地域社会その他を大義で束ね、その実現のためのビジネスモデルや新しいルール（新秩序）を構築するといった取り組みが、日本でも始まっています。

社内外にプラスの効果を生み出す

経済産業大臣賞を受賞した㈱富士メガネ（札幌市）は、松下幸之助をして世界一のメガネ屋と言わしめた会社で、さらに日本よりも海外で有名な会社です。なぜなら、同社が創業45周年の記念事業として1983年から始めた海外難民視力支援活動が、国連難民高等弁務官事務所（UNHCR）本部から「ナンセン難民賞」を授与されるなど、社会貢献活動が高い評価を得ているからです。

受賞理由は、金井昭雄会長兼社長らが難民キャンプを直接訪れて30年近くにわたり現地で視力検査を行い、新しいメガネを提供し、世界11万人を超える貧しい人びとの暮らしの質を向上させてきたことです。

同社の社員が休みをとって海外の難民がいる地域で長年継続しているこの活動には、世界中から多くの感謝の手紙が送られてきます。

東京渋谷にあるサムライヌードルでは、自販機の一部にカンボジアに寄付する20円のボタンを設けています。780円のラーメンを買う人の多くが、このボタンを押しますが、お客様からは社会に優しい会社と思われ、社内では「自分たちは、ただのラーメン屋の店員ではない」とモチベーションが高まっています。

社会貢献活動は、結果として外にも内にもプラスの効果を生みます。お客様や取引先など社外の人からの企業イメージがよくなります。その企業が行っている社会貢献に共感するお客様は、そこの商品・サービスを利用したいという気持ちになります。

社内では、自社のそうした活動やそれに携わっている自分自身にも誇りを持ち、気づきが生まれます。

第1章で書いたように、余裕ができたら社会貢献をするのではなく、社会貢献をすることで会社も社員も成長していけるのです。

特徴7　市場創造経営

既存市場に頼らず新市場を開く

「市場創造経営」は、お客様も気づいていない潜在的なニーズを求めて、商品・サービスを具体的に提案することで市場をつくっていく経営です。

決してお客様の言いなりの経営ではありません。お客様は、自分のニーズを具体的に満たす方法を知らないことが多いものです。また、うすうすニーズを感じていても、うまく説明できないこともあります。

市場創造経営は、お客様の隠れたニーズに合わせて、自社の能力を具体化するための活動です。押しつけではなく、お客様の期待に応え、お客様の欲求を満たしていくものなのです。

総務省の発表によれば、日本の人口は2015年10月1日時点で約1億2710万人と、5年前と比べて約94万7000人、率にして0・7％減りました。1920年に国勢調査が始まったときは約5600万人で、以来人口増が続いてきましたが、ついに人口減が現実のものとなっています。

人口が減るということは、単純にお客様が減るということです。政府は少子化対策のために様々な手を打っていますが決め手はなく、今後も減り続けると予想されています。

ニーズよりウォンツをつかむ

経済産業大臣賞受賞の未来工業㈱はユニークな経営で有名です。報告・連絡・相談禁止、残業禁止、ネクタイ禁止、上司から部下への命令禁止、ノルマ禁止、携帯電話禁止、年間休日140日（正月休みは20日間など）、育児休暇3年、そして日本トップレベルの給料です。報連相禁止のため、上司が知らない間に新しい営業所ができていたという事例がたくさんあり、常識はずれの企業です。

一方、売上高は200億円以上に成長し、経常利益は常に10％前後を維持しており、創業以来40年以上赤字もなく、上場も果たしています。

常識はずれの経営と高業績で話題になっていますが、なぜこうした経営が実現できているのかといえば、市場創造型の企業だからです。

同社の経営理念は、「常に考える（何故・ナゼ・なぜ）」です。壁にはいたるところに経営理念である「常に考える」が貼ってあります。さらに3つの文化として、「ヒトを大切にする」「ケチを貫く」「経営者が公私混同しない」を公言しています。

こうした経営の一つの取り組みに、「改善提案書」があります。社内環境や仕事方法など改善提案を提出した社員には、一提案につき500円、提案内容の善し悪しを問わず一律に払われます。

その中でも優れた案には、万単位での報奨金が与えられます。改善提案というのは、「ここが悪い」という意見ではなく、「こうしたらいい」というポジティブ意見であるために、社員自身がよくなる案を考えて提案して実行に移すことで、職場環境をよくするだけでなく、メーカーとしての商品開発力向上にもつながっています。

同社は、電気設備資材、給排水設備、ガス設備資材の製造販売を行うメーカーですが、一つだけ、イメージが湧くように提案から開発に至った身近な商品を紹介します。

建設関連の企業ですから、ネジを締めるドライバーを使います。しかしドライバーにはプラスとマイナスがあるために、その都度、目で確認しなければなりません。毎回確認していては時間がかかります。そのためドライバーを手で持つところに、見なくても触っただけでプラスかマイナスかがわかる工夫を施したものを開発しました。

このように約800人の社員から寄せられる新しい提案の数は、年間約1万6000件もあり、特許数は664個となっています。

1980年頃を境に供給が需要を上回り、モノ余りの時代と言われてきました。しかし、まだまだお客様が気づかないニーズは数多くあります。つまり市場創造できる余地は、どんな時代であってもあるのです。そして新商品開発に留まらず、事業そのものを問い直すことで、大きな市場を創造することができます。

2005年頃から、コンセプトアウトといった言葉を耳にするようになりました。「プロダクトアウトからマーケットインへ」は古くから言われていますが、お客様も気づかないウォンツに仮説を持ってコンセプトを打ち出し、市場創造することが大切だという考え方です。

身近で有名な事例としては、古くはヤマト運輸の宅急便ですし、少し前にはセブン銀行もコンセプトアウトの成功例です。セブン銀行は金融自由化の中で、数少ない成功した例ですが、他行と異なる「みんなのATM」をコンセプトとして、「いつでも」(24時間365日)、「どこでも」(日本全国)、「だれでも」(国内約560の提携金融機関のお客様)、「安心して」(衆人環視、高セキュリティ)で、行員1人当たりの経常利益がメガバンクの50倍に達しています。

特徴8 感動経営

共感が好循環をつくり出す

「感動経営」とは、共感・共鳴する、好感が持てる！ だから継続して使いたい、買いたい、利用したい——と企業活動に関わる関係者に思われて、共感を生む経営です。

儲かっている企業には例外なくファンがたくさんいて、彼らに支えられています。社員がファンになる、取引先がファンになる、お客様がファンになる、企業経営に関わるステークホルダーがファンになれば、ファンがファンを生むという好循環をつくり出し、企業は必ず永続的に発展します。

「儲ける」という漢字の左右を離して書くと「信者」になります。「儲ける」とは信者、別の言い方をすればファンをたくさんつくることなのです。

企業活動における感動には「商品に感動する」「サービスに感動する」「経営のあり方そのものに感動する」の3つがあります。

お客様の「事前期待」を大きく超える感謝・感動・感涙を生み出すことが、企業としての大きな差異化につながります。

喜ぶ相手の心理を先読みする

中小企業庁長官賞を受賞した日本ウエストン㈱（岐阜県）を訪問し、ドアを開けると、社員総立ちで温かな笑顔とあいさつで迎えられます。靴を脱いで上がろうとすると、全員のスリッパに個人の名前と社名がプリントされています。応接室に入ると卓上にはたくさんの資料とともに色紙が立っています。その色紙をよく見ると、ゲストの名前を一文字ずつ使った詩になっていて、内容は本人を讃える短歌にして書かれています。

相手のことを懸命に想像して、時間をかけて、来客する人数分すべてつくられているのです。おしぼりには来客者の名前の刺繍が入り、飲み物のコースターには季節のデザインと、やはり名前が入っています。さらに資料には「○○様専用」と印刷されています。

臼井社長は、自社の事業は「お客様満足提供業」であるというコンセプトを打ち出し、ベンチマークしているのは、ディズニーランドです。そのため同社では、社員数の2割以上は障がい者です。

感動経営はお客様の見えないところでも努力しています。同社は、資源リサイクル活動の一環として、自動車・航空機関連の工場で使われるタオルや軍手の販売とクリーニングを行っています。例えば、クリーニングは普通は計量しますが、同社ではカゴに入れてその数を数えます。理由は、洗うものが湿っていると水分で重く計量されてしまうからです。

特徴9 非価格経営

価格で勝利してもいいことはない

「非価格経営」とは、価格以外の要素で企業間競争する経営のことです。価格競争は、多くの人を幸せにできません。価格競争は、天に向かってツバをはいているような状況に陥ります。多少の競争は、消費者には安くなるといったメリットがありますが、行き過ぎると、誰も幸せにならないことは明白です。

価格競争は一般的に行われている方法ですが、価格競争を行うと収益の低下をもたらし、場合によっては企業イメージを下げたりと、企業にとって望ましいことはほとんどありません。《大賞》で表彰される企業は、100%が非価格での競争力を持っています。

海外との人件費などと比較すれば、日本企業の基本的な方向として、世界の低コスト地域の企業との真正面からの価格競争や規模拡大競争は、自殺行為です。もちろん、取引先の関係で価格競争に巻き込まれているため、自らの意思ではないことはわかります。

しかし価格競争を行っている限り、関係者を幸せにすることは夢のまた夢となり、きれい事と言われる状況になってしまいます。だからこそ、意図を持って計画的に非価格競争力を持たなければならないのです。「特徴7　市場創造経営」「特徴8　感動経営」も非価格経営です。

価格競争が成り立つのは大企業だけ

東海バネ工業㈱（大阪市）は、絶対に値引きしないで、言い値で販売しているバネ製造の会社です。平均受注数1〜5個という多品種微量生産です。東京スカイツリーに使用される制振バネ、原子力発電所で使われる安全弁用バネに採用されるほど高品質、高難度のバネを生産する技術力を持っています。

他社は大量生産で効率化を目指していました。その競争の中に入ってはいけないと、先代社長は非効率として避けられがちな仕事、数がまとまらなく不特定多数のお客様からの注文を優先する仕事へと方向性を決めて取り組みました。

そうしたこともあり、同社は、他のバネメーカーと異なり、職人の数が全社員の半数を超える会社です。

価格競争は絶対にやめようと渡辺良機社長が決意を固めたのは、同業者の仲間と一緒に行ったドイツの企業視察会で目にした光景です。ドイツの企業は同社と同じスタイルで、手づくりの単品受注生産をしていました。そのとき受注単価はどう決めるのか質問しました。すると対応したドイツ人は、何を当たり前のことを聞くのかという顔で、「原材料と製造原価と管理コストに利益を上乗せして決定している」と答えました。

自分の経験では、それでは取引先が納得しないのではないかと、今一度質問をしました。相手はまたしても不思議そうな顔をしながら、「自分たちがつくるのだから、すべて自分たちで決めるのは当然だ。それが受け入れられないのなら断るだけだ」と断言され、そのような仕事のやり方があるのかと驚きました。

そう言われて、ドイツの会社の社員を見回すと、50人ほどの職人たちが自信溢れる顔で誇りを持って働いていました。自分も職人の思いが伝わるものを販売していこうと心に決め、帰国後は量産品とは決別し、受注先の要求に振り回されない自立した会社へと舵を切り直しました。そして、多品種微量生産で他社が追随できないような高度の技術を持ったことで、価格競争から脱しました。その結果、創業から現在に至るまで、72期連続の黒字経営を続けています。

価格競争が成り立つのは、ごく一部の大企業だけです。そして、関係者を幸せにするために絶対に実現しなければならないのが非価格経営なのです。

特徴10 自己資本重視経営――BS経営

利益が多く出たとき、どう処理するか

「自己資本重視経営――BS経営」とは、高い自己資本比率を目指す経営です（自己資本比率＝総資産に占める自己資本の割合）。さて、利益が多く出た年の決算時に、これをどう処理するかという判断があります。

・選択肢1　日本の高い税制の中、税金に持っていかれるから使う。
・選択肢2　税金をしっかり払い、残ったお金を内部留保にする。

私が起業した年に、先輩経営者から温泉に呼ばれたことがあります。彼らがやっているのは選択肢1で、「税金を払うのはもったいないから」と言っていました。

一方、厳しい運輸業界で次々と新しいサービスやビジネスモデルをつくり出し、不況であっても利益を出し続けている循環型物流の㈱ウインローダー（東京都杉並区）高嶋民雄会長からは、「絶対に自己資本重視経営～BS経営でなければダメ！」と教えられました。

自己資本の目安は、大企業30％、中小企業10％が平均と言われています。《大賞》の審査基準は、自己資本比率は33％以上なので、これは高いことをよしとしています。

しかし総資産のうち平均で、大企業70％、中小企業90％は、銀行などからの借り入れ＝負債で構成されているのが現実です。財務に詳しい専門家からすれば、「単に自己資本比率が高ければいいわけではない」ということになります。

第一の理由は、大企業は株主から配当が求められるので、株主から資本を直接集めて配当を払うよりも、低金利時代では借りたほうが資本コストを抑えられるからです。

第二の理由は、成長事業を持っている場合、自己資本に加えて銀行から借りたほうが、大きく成長でき利益を増やす機会が増えるからです。逆に自己資本だけであれば、機会ロスになる可能性もあるからです。

業種でも異なります。銀行のように資産のほとんどが預金者からの借入（普通預金や定期預金など）でできているなど自己資本比率が10％を超えているところは、ほとんどありません。

つまり、厳密に言えば自己資本比率が高ければいいと言い切れるものではなく、その企業の業種や事業内容、利益成長力やキャッシュフローなど、様々な要因を複合的に見て判断する必要があるということです。

ただ現実に企業の安全性を考えれば、自己資本比率は高いほうがいいことは間違いありません。

蓄積するものはお金だけではない

一方、真逆のことを主張する有名コンサルタントもいます。その方は「キャッシュがあれば会社は潰れない。銀行から借りられるときには最大限借りたほうがいい」とセミナーでも自著の中でも述べています。さらに、かつては自己資本比率が高いところに銀行はお金を貸していたが、今は自己資本比率が低くても、キャッシュフローがいい会社にお金を貸すように変わってきていると言います。

このコンサルタントが言う理屈もある程度はわかりますが、2つの点で私は反対です。

第一に、必要ないのに多額の借金をすると、金利が安くても営業外費用となり、コストが発生します。本来なら、利益に加算したり社員に分配できるお金をわざわざ払う必要はありません。

第二に、現金が手元にあると経営者は錯覚を起こして気が大きくなり、無駄な投資をしたり、コスト意識が低下したりといった精神面で危険だということです。そして投資をして事業がうまくいかなくなると、いきなり窮地に陥ってしまうことにもなりかねません。

日本では、自己資本を増やすには税金を支払わなければなりません。しかし、納税と同時に自己資本が増えていくので、会社は安定していきます。単年度で赤字決算をすれば、税金を納めなくてすみますが、自己資本は増えません。また、税金を納めないように使ってしまうPL経営は、長期的な安定を遠ざけるだけでなく、企業の姿勢として決して褒められたものではありません。堂々と税金を払った上で自己資本を厚くすべきです。

さらに私は、BS経営を広義でとらえたほうがいいと考えています。蓄積するものはお金だけではないからです。経営ノウハウ、顧客その他の無形のものは、財務諸表に載りませんが大切な資産です。無形資産なのでお金は蓄積されませんが、各種ノウハウや顧客が増えていけば、お金を生み出す基盤ができていくからです。

税金を払い自己資本を増やして安定させる、日々の活動が蓄積され無形資産が増えていく自己資本重視経営～BS経営が、「いい会社」の特徴です。

第4章

「いい会社」をつくる10の方法

方法1 魂の経営理念をつくり共有する

企業理念が経営を救う

経営理念が注目されている背景には、大きく2つの流れがあります。

1つ目は、「企業不祥事」です。東芝の不正会計処理、旭化成建材の杭うち不足、東洋ゴム工業の免震ゴム性能の偽装など、日本を代表する企業のトップが記者会見で頭を下げる光景を頻繁に目にします。コンプライアンスの重要性が叫ばれていますが、不祥事がなくならないなかで、経営理念は、ガバナンス（企業統治）における手段として考えられているからです。

2つ目は、「ダイバーシティーマネジメント」です。一緒に働く人は多種多様。女性の社会進出、労働人口減少に伴う雇用延長によるジェネレーションギャップ。とくに昭和世代とバブル崩壊以降に生まれた、ゆとり世代・悟り世代の若者との意識の差は大きいようです。また、グローバル化で外国人雇用が増え、価値観・文化・宗教などの違いがあるなかで、一緒に働くことが当たり前になりました。働く人たちの価値観を完全に統一することは不可能に近いし、そうすべきでもありません。

個々の価値観の違いはあっても、企業としてパフォーマンスを上げていくためには、セントラルバリュー（中核的価値観）だけは共通認識にする必要があります。なぜなら、これは社員をはじめとする関係者の行動に影響を与えるからです。

さらに、経営理念が必ずしもすべて人に受け入れられているわけではありません。むしろ批判的に捉える学者や実務家も若干います。批判の理由は、抽象レベルが高いということです。

『競争戦略』の著者であるハーバード大学のマイケル・ポーター教授は、「経営理念は暖かい輝きにすぎない」と、実際の経営に役に立たないと皮肉っています。学者に限らず、経営理念の重要性や機能を理解していない経営者や社員もいます。そのため、経営理念が社長室の額に飾られてアクセサリー化しているのが現実です。

私は、毎年１００社以上の企業訪問研究から、「いい会社」ほど経営理念は経営管理上、効果的な役割を果たしていることを確信しています。しかし、経営理念が共有化されていない企業で働いていると実感できないのかもしれません。

経営理念が共有化されていない会社では、アクセサリー化どころか批判の対象にもなっています。その理由は、経営理念に高邁なことが掲げられているほど、実際の企業活動とのギャップが発生し幻滅するからです。

例えば「お客様満足」と経営理念に含まれていても、日々売上のことばかり言われていれば、社員からすればお客様満足は表向きのアクセサリーと捉えるのは当然です。

経営理念は誰がどうつくるか

経営理念のつくり手は、「社長一人」「幹部」「社員参画型」と様々です。社員参画型で、各部門から集めたプロジェクトチームがつくるのがよいという人もいますが、そうは思いません。

今まで、多くの「いい会社」の社長と会ってきましたが、つくり方は各社各様でした。もちろん、社員を巻き込むことで、自分たちがつくったといったオーナーシップを持つことになり、経営理念の理解は促進できます。

しかし、その効果は経営理念の共有化プロセスでもできることなので必須ではありません。「働きがいのある会社ランキング」の上位ランクにある三和建設㈱（大阪市）は、森本尚孝社長と私との継続的なやり取りを通して、「つくるひとをつくる〜建物をつくる、お客さまをつくる、仲間をつくる、技術をつくる、信頼をつくる、会社をつくる、価値をつくる、社会をつくる、歴史をつくる——すべてはひとがつくります。だからつくるひとをつくります」という経営理念をつくりました。

次に、どのようにつくるかについて、必ずしも、唯一絶対の方法があるわけではありませんが、一つのケースを紹介します。

ヒストリカルレビューと自問手法を使う

企業の歴史の中には重要な出来事が必ずあり、それが教訓になっています。

静岡県菊川市に、㈱たこ満という従業員約400人の郷土銘菓・和菓子・洋菓子の製造販売のお菓子屋があります。経営理念は「ひとりのお客様の満足と、ひとりの社員の幸せ」です。たこ満は、平松季哲社長が30数年前に実家に戻ったとき、両親が経営する街の小さな和菓子屋でした。

平松社長が働き始めてしばらくすると、女の子がお父さんに連れられて就職したいと訪ねて来て、家族以外の初めての社員として雇用することになりました。経済的な理由で高校を一年生で辞めたその女の子は、たこ満で働き始めます。毎朝、店の前を掃除していて、友達が店のそばを通る時間になると店内に隠れてしまいます。

平松社長は、高校に行きたかったのだろうと思いましたが、まだ高校に通わせるほどの余裕はありません。そこで、「高校に行かせることはできないが、お嫁さんになったとき、可愛がられる子にしよう」と心に決めました。このことは、たこ満の経営に色濃く反映されており、平松社長は、お客様満足よりも社員満足を優先するといって憚りません。

もう一つ、たこ満の経営理念に影響を与えたことがあります。個人営業の和菓子屋を企業へと成長させましたが、売上・利益を追求しすぎたために、苦楽を共にした幹部も含め多くの社員が辞めてしまい、お客様も離れ、倒産の危機を経験しました。

「売上は伸びたが、一人のお客様にも満足してもらえない。一人の社員も幸せにできない」と、究極の精神状態になり、そこに初めての女子社員への思いが重なり、行きついた経営理念が「ひとりのお客様の満足と、ひとりの社員の幸せ」です。

このように、経営理念には経営者の様々な経験に発する思いがあり、コミットメントの源泉になっています。そして思いが強いからこそ、社員に伝わり共有化されるのです。

会社のヒストリカルレビュー（過去の重要な出来事）に加えて、経営者が中心になってつくる場合、自問手法を使います。例えば、次のような自問をして書き出します。

- 今までの人生の中で喜びや感動を感じたのはどのようなときですか。
  その中で生まれた大切にしていることは何ですか。
- 今までの人生の中で悲しいと感じたのは、いつ、どのようなときですか。
  その中で生まれた大切にしていることは何ですか。
- 人生の中で絶対に実現したいことは何ですか。

その実現したことが実際に実現すると、どのような人にどのような影響がありますか。人は自問することで、漠然としていた考えが整理され顕在化していきます。こうした自問から、自分がこの世に生を受けた使命や存在意義、大切にしている価値観、行動指針を見つけていきます。大切なことは、経営者自身の心がどれだけ動かされるか、心の響きを感じるかどうかです。

なぜ、会社の重要な出来事や経営者の自問が大切かというと、10年以上にわたり経営理念研究を行ってきた帝塚山大学大学院田中雅子教授の次の言葉が頭に残っているからです。「結局は、経営理念は人なのです。経営者次第と思う。堀場製作所の創業者堀場会長ほかと10年以上付き合っていると、この人だから浸透するんだろうなと感じる。仕組みも大事だけど、そちらの要素のほうが大きいと思う」

私も数多くの経営者に会い、経営理念を研究してきて、そう思います。ヒストリカルレビューや自問によって抽出されたキーワードを数多く書き出し、それを何度も噛みしめて経営者の価値観に合うものに絞り込んでいきます。そして、下記に解説する経営理念の内容を参考に、明文化・文章化していきます。

どんな経営理念をつくるか

100社あったら100社の経営理念があります。経営理念は様々です。短いものもあれば長文のものもあります。表現も抽象的なものから具体的なものまであります。特別なルールがあるわけではありません。

そして、経営理念がよいとか悪いとか、簡単に評価することができません。しかし、あえて、よい経営理念とは何かを考えてみましょう。

①ストーリーがあり経営者の腹から込み上げる思いがあるたこ満の例で理解いただけると思います。

②家に持ち帰ることができる

堀場製作所では、経営理念ではなく社是として「おもしろおかしく」が共有されています。他界した堀場雅夫氏は、次の言葉を残しています。

「人生80年のうちの最も貴重な40年間を使う仕事が、おもしろおかしくなくて、何のために生きるのか。自分の経験で言うと、おもしろいと思ってやった仕事はほとんど成功している」

「おもしろおかしく」という社是は、家に持ち帰ることができる、シンプルで個人の座右の銘にもなるものであり、借り物でない自分の言葉で、その人が語るからこそ、広く関係者に共有化されるのです。ですから、経営理念は人と切り離すことができないものであり、プロジェクトチームでつくるかどうかというテクニック論を越えて重要なものです。

③関係者が共感共鳴する
④本質に関わる
⑤利他の心が匂う

この3つは関係が深いものです。逆を考えれば、このことは明白です。売上100億円達成などといった経営理念を掲げる経営者はいないと思いますが、そうであったとして誰が共感を持つでしょうか。自社都合の経営理念が受け入れられるはずがありません。だからこそ、経営理念は本質を突いて利他の心が匂うことが重要なのです。

もう一つ、堀場雅夫氏の言葉を引用します。

「何よりも大事なのが、起業家の人間性。チャラチャラした人、お金儲けが目的の人は絶対にうまくいきません。もし一時的にうまくいったとしても、社会がそれを許さないでしょう。金儲けを目的にした企業は、いずれ潰れます」

加護野忠男神戸大学名誉教授も、数多くの企業研究から同じことを言っています。

「大義を持って活動しない会社を、社会は中長期的には応援しない。売上や利益を追い求めている会社は、短期的には成果を出しても長続きしない。社会性がない企業は長い間に世間に共感が得られないので永続できない」

しかし、顧客価値があっても、社会の発展につながらないどころか社会の荒廃を招くこともあるので要注意です。例えば、子供が時を忘れ夢中になるゲームソフトは、その内容や質によっては該当するかもしれません。家族とのコミュニケーションを減らし、自分が苦労する実体験がなく、疑似体験で満足してしまうために、リアルな対人関係能力が育たない可能性があります。

つまり、顧客の欲求を最大限に満たそうとするほど、人間らしさを徐々に失わせ、長期でみれば社会の荒廃や衰退を招きかねません。反社会的なことは誰でも認識できますが、永続させるために必要利益を確保しようとする顧客満足の追求活動そのものが、社会によくないことにつながることがあります。

だからこそ、顧客満足と欲求と利益、さらに社会の発展などを深く考え、社会的責任を果たす企業活動の本質を示す経営理念を作成する際にも、十分気をつける必要があります。

⑥社員の幸福、満足が明文化されている

これについては、異議を唱える人がいるかもしれません。経営理念に含まれる言葉としては「お客様、社会の発展、地域貢献」なども多いからです。企業活動の本質という観点からは、その優劣をつけることはできません。しかし、経営理念の共有化という観点からは、「社員の幸福、満足」が重要です。

横浜国立大学の服部泰宏准教授は経営理念の内容を精査し、「ステークホルダー重視型が経営理念の共有化に関係があり、とくに社員に関する内容は、離職意図の抑止を促進する」という論文を発表しています。

服部准教授は「心理的契約」という概念を当てはめて、その理由を説明しています。これは、「正式に明文化された契約はないが、自分が勤めている会社、経営者は決してリストラしない。自分たちのことを大切にしてくれる」という信頼感です。

経営理念、企業理念、ミッション、社是、社訓、創業の精神、クレドなど様々な表現がされます。本著では、経営理念だけに焦点を当てていないので詳しくは書きませんが、普遍化されている明確な定義はありません。

「社是は社外に向けて。社訓は社内に向けて」とも言われていますが、各社の経営理念を見ていると、画一化されたルールはありません。そのため、経営理念の内容については、会社が大切にしている明文化された価値体系の中で、説明してきた要素を参考に整理していけばいいでしょう。

経営理念をどう共有化するか

「いい会社のつくり方」と「経営理念の共有化」とは重なる点も多いので、ここでは経営理念の共有化で得られる効用と、企業で行われている共有化策について書きます。

①「覚える」のではなく「わかる」

英語を必要に迫られてやらざるを得ない状況だとします。これには「覚える」ことがたくさんあります。やらなくてはならない義務と考えると、しんどさを感じます。覚えるために何回も反復して努力するのですが、覚えたものは忘れるという性質があります。

一方「わかる」という言葉があります。英語の文法構造が「わかる」となると、急に楽しい気持ちになります。これには「覚えた↓忘れた」ということがありません。強いて言えば「わからなくなった」といったことがあるだけです。

地球は丸いことがわかると、もはや知らなかった状態には戻れません。つまり、「覚える」ことは可逆的（元に戻る）だが、「わかる」は非可逆的（元に戻らない）なのです。

経営理念の共有化に当てはめてみましょう。壁の額に入っている経営理念を朝礼で唱和することや、小さな経営理念が書かれたカードを名刺入れや財布に入れて意識させることは、無駄とは言いませんが、「覚える〜忘れないようにする」というレベルに留まります。

経営理念は「覚えた」だけでは意味がありません。「わかる」のが出発点であり、さらに「腑に落ちる」「信念に基づいて行動する」が「わかる」の進化系なのです。

つまり、経営理念が大切だと経営者が言っても、お題目のように唱えているだけでは「わかる」状態になりません。多くの実務家や学者が経営理念の重要性を訴えながらもスローガン的になってしまうのは、この点が学術的にも経験的にも十分に整理できていないからです。「日本でいちばん大切にしたい会社」に該当する会社の経営者は、経営理念の共有化を「わかる」レベルで実施しています。

中小企業庁長官賞を受賞した西精工㈱（徳島市）は、創業の精神～経営理念～行動指針を設定しています。朝礼の冒頭でまずこれらをすべて唱和し、その後3～4人の小グループに分かれて、前日の経営理念に沿った行動やその結果、今日の予定で経営理念に沿ったどのような行動をするかについて共有化します。そしてメンバーから、改善提案や素晴らしいので自分もやってみるといったフィードバックがあります。

このプロセスで、抽象的な経営理念は他人事から自分事になり、何を具体的に行ったらいいのかが明確になります。
②経営理念を平易に表現し物語を流通させる
経営理念をどのように浸透させるかについて《大賞》を受賞した会社、候補になる会社のトップに、視察研究で訪問するたびに聞いています。㈱リンク&モチベーションの従業

員満足度調査で一位になったこともある㈱生活の木（東京都渋谷区）の重永忠社長は、社員に「いい物語がどんどん出てきて共有化される。いい物語が出てくると楽しいし、私もやってみようとなる」と話しています。

③頭だけでなく心・体でもわかる

頭だけでなく感情、身体でわかることが大切で、そのためには体験することです。これが実感につながります。第3章の理念経営で紹介した感動のレストラン「ばんどう太郎」の青谷社長から、次の話をお聞きしました。

「新しく入ってきたアルバイトさんに、お客様新聞を出すだけでは感動してもらえません。手持ちぶさたのときに渡すと感動されるといったことを教えます。マニュアルではなく、感動する瞬間を教えないとなかなかできない。美味しさ、感動する瞬間があることを学び、共に育つ場を持つことが重要だと言っています。

経営理念を実現するためには、自分を教育するのは自分だということがわかります。経営理念に沿って行動していても、自分を自分が教育するという意識を持たないと、変わることができません。昨日より今日のほうが多少マシになったと思うのが大切。もし成果が生まれないなら、お客様の立場になっているのだろうかと考え直さなければなりません」

経営理念に沿った行動を実践してお客様から喜ばれると、感情的にも、そのお客様の言葉や態度からも、身体全体で経営理念が重要であることの理解が深まるのです。

経営理念共有化の効用は何か

経営理念には、2つの機能があります。「企業内統治」は、経営者の人生観などが表現された精神や教訓が受けつがれ、意思決定や行動の拠り所になり、一体感を醸成し、企業文化や社風に影響を与えます。「社会的適応」は、長期的に企業の社会的存在意義を外部に明示し、それと現実との整合性を図ります。

ここでは前者について考え、後者については次の［方法2］で詳しく説明します。

①感動が生まれる

人が感動するときとは、どんなときでしょう。アイエヌジー生命保険㈱と法政大学大学院坂本光司研究室が2012年度に実施したアンケート調査で、感動が生まれた出来事、瞬間について自由記述されたエピソードを整理しました。するとほとんどが「通常考えるレベルをはるかに超えた、予想だにしない対応」というものでした。

ばんどう太郎での話です。よく家族5人で来店していたお客様がいました。それがパタリと1年以上来店がなく、女将さんは気にかかっていました。久しぶりに来店されたときはお祖母さんが他界され4人になっていました。現場の判断で、「どうぞ。お祖母さんがお好きだった味噌煮込みうどんです。お祖母さんのことを思い出して食べてください」と、お祖母さんの分の食事も用意してテーブルに出したのです。

後日、家族からばんどう太郎に送られてきた手紙には、感謝の気持ちがあふれていました。こうしたエピソードは、ばんどう太郎では珍しいことではありません。経営理念が共有化されているからこそ、こうしたエピソードが生まれるのです。

②仕事の生産性が向上する

沖縄教育出版社は、日本一長い朝礼で有名です。短くても一時間、長い時は正午まで行われます。

I am OK! 自主、You are OK! 民主、WE are OK! 連帯。

これは同社の社憲（経営理念）です。壁に掛けられた社憲の復唱が終わると、社内プロジェクトの活動報告、読者からの葉書・手紙、社内で共有したらいいという「ありがとうカード」を発表します。見学者も多いのですが、社員が踊ったり寸劇したり歌ったりするのです。これが朝礼なのかとびっくりします。

同社の朝礼は、いろいろな場づくりになっています。人前に出て話をする稽古の場、いい取り組みの場、困っていることを共有する場、社内の一体感を出すモチベーションアップの場、お得意さまとの絆を再確認する場、時には自分の存在を受け入れてもらえるという場、もちろん社憲（経営理念）の共有化の場だったりします。

同じ場所で、同じ時間に同じことをみんなで共有・共感し、思いを共にする。そこに時間をかけていいという川畑保夫会長の考え方です。

「言われていやいややる仕事の成果は1にしかならない。けれど、理解して納得してやると1・6倍に、さらに自ら目的・目標を持ってやると1・6の二乗、つまり2・56倍の仕事ができるんです。6時間のパートさんの場合、1時間朝礼すると実働時間は5時間となります。これが理論上は、いやいやなら5時間、理解して納得してやると8時間、自ら目的・目標を持ってやると13時間の仕事ができるわけです。ですから、決して非効率ではないんです」

単にタイムマネジメント的な発想の効率化は、本当の意味で効率的かどうかはわかりません。しかし、経営理念が共有化されて理解が深まれば、生産性が高まるのです。

方法2 会社の将来像を策定する

会社の将来をイメージとして表現する

ある部族では、獲物がいなくなるとオラクル（預言者）に獲物の居場所を尋ね、オラクルはその方向を指し示します。オラクルの言うことに従うことが、部族が長く続いた原因だと言われています。

・部族を信じさせることが、組織的な行動につながったこと。
・指示が単純で抽象性が高いために、部族の技能が硬直化せず学習につながったこと。

つまり、預言者の正当性ではなく、皆が信じて動き、動けば何かが見え、新しく見出された現実に各人が対応するかどうかということです。一致団結して動けば「アクション〜リアクション」して見えてくるものがあります。

ビジョンや経営方針で大事なことは、それが未来を言い当てていなくても、皆が信じて実行することが重要なのです。予測の当否だけがビジョンの優劣の基準になるのではありません。理想的なビジョンも実行されなければまったく意味がないからです。

具体的すぎる指示は適応範囲を狭めてしまいます。現状の事業範囲や成功パターンにこだわりすぎると、限定的で短期しかもちません。解釈の創造性を刺激するような自由度が大切です。経営理念もビジョンも抽象的でよくわからないと言いますが、抽象的だからこそ機能するのです。

成り行きの指示は、具体的・固定的でないために、直面する問題を自分たちで考え、その結果たくさんの狩りの技を学習し、何世代にもわたり保持されてきたのです。

嶋口教授は「戦略的アンビション」という考え方を提唱しました。成功した企業には常に、自分たちはこうしたいという強い思いがあるのです。

しかし、経営理念が「顧客第一主義を貫く」のように抽象的だからこそ永続できたのですが、あまりにも標語的で漠然としていては、何をしたらいいのかがわからないという側面もあります。

そのため嶋口教授は、「絵姿」としてイメージできる言葉で表現するほうがいいと言います。会社の将来のイメージが具体的に見えれば、社員は自分が何をするべきか、どのような行為が評価されるのかがわかるからです。顧客や株主にしてみれば、その企業を自分が支持するかどうかを決められるというわけです。

経営者の仕事は、目的や方向性を定め、決断し、実行し、人を育てることです。社員の企業への思い、企業の方向性がないところに未来はありません。

ビジョンは誰がどうつくるのか

経営理念のつくり方は、社長一人で、幹部で、社員参画型で……と書きましたが、ビジョンに関しては、社員参画のウエイトを高めるほうがいいでしょう。理由は3つです。

①会社はみんなのもの

第1章で書いたように、会社が社会みんなのものという前提に立てば、社員参画型で検討することが最も望ましいと言えます。経営者は、代表取締役といった役割を持った社員であり、管理者は部課長という社員、一般社員は役職がついていない社員というだけで、全員社員だからです。

もちろん、全員が集まることは、ある一定以上の規模になると物理的に難しいために、参画の仕方は、その都度検討しなければなりません。

②社員がビジョンにオーナーシップを持てる

ビジョンがトップから下りてきても、意味が理解できなければ当事者意識を持てず、社内で共有されません。社員を部分的にでも経営に参画させることで、当事者意識を高め、自主性や創造力、熱意を引き出すことができます。

自分がつくったプランならメリットに目が向きますが、人がつくったプランだとデメリットに目が行きます。つまり、トップや幹部がつくったプランについて、社員は批判的に見る傾向があるということです。ですから、社員をプラン作成側に巻き込んでしまうことです。自分のつくったプランであれば、メリットに目を向けて遂行が促進されます。

③実現性の高いビジョンが作成できる

将来にわたって一貫性のある経営を行うには、大局的に見て企業のビジョンを策定することは不可欠です。ただ、経営者や幹部だけでは、ビジョンを描くことが難しいのが現実です。なぜなら、毎日お客様や取引先と接している第一線の社員の意見が反映されないビジョンは、実態とかけ離れてしまう可能性があるからです。ですから、現場の社員を巻き込み、多面的に考えることで、実効性の高いビジョンが策定できます。

ビジョン策定の8ステップ

①プロジェクトチームを編成する

プロジェクトチームの編成は、公募もあれば、各部門から影響力のある人を上長が指名する方法もあります。そのときの留意点は2つです。

・全部門から満遍なく参加する（コアメンバーは20人以内）

ビジョン策定の質と遂行面から、情報が一部の部門に偏っていると、大切な視点が抜けてしまいます。また、ビジョンは全員で、実現に向かって力を合わせていくことを考えると、全部門からメンバーを募ることが重要です。

・キーパーソン、インフォーマルリーダーを入れる

組織開発で基本的な考え方です。オセロゲームでキーになるところが白から黒に変わると、後はパタパタと黒に変わります。職場には必ずインフォーマルリーダーがいて、その人が替わると、同じ部門の多くの人が変わっていきます。泥臭いことですが、そうした影響力のある人をメンバーに加えることはとても重要です。

②経営理念などの存在意義を再確認する

経営理念を前提に、ミッション（使命・存在意義）について、メンバーでしっかりと再確認します。この前提がないとあまり思いが入らない、形だけのビジョンになるし、実現したい将来像（ビジョン）がずれていく危険性があります。

③メンバーが全権を持ったら何を加減するか

メンバーが一般社員であっても、経営トップになったつもりで「新しく始めたらいいこと」「強化したらいいこと」「維持したらいいこと」「思い切ってやめること」を徹底的に話し合います。

１９７０年代にアンドリュースが整理した古典的な方法として、社内外の環境を洗い出しＳＷＯＴ分析（強み・弱み・機会・脅威）を行うといった書籍が出ています。しかし私

が多くの企業で、ビジョンや戦略策定の手伝いをしてきた経験から、お勧めしないという
より、むしろ反対です。

なぜなら、強みと弱みはコインの裏表で、状況の変化で強みにも弱みにもなること、さらにアウトインのこの策定方法では、当たり前の結論しか出ないからです。

「ホンダがSWOT分析をしてアメリカ進出を考えていたら、巨大3企業がいる中で弱みと脅威ばかりだから、進出はしなかっただろうし世界のホンダにもなれなかっただろう」という有名な話があります。むしろ、嶋口教授が提唱しているようなアンビションがあったからこそ、世界のホンダになり、F1を制する偉業を成し遂げたのです。

④どんな会社になりたいかビジョンを描く

売上〇〇億といった定量的なビジョンも、現実的な活動に落とし込むときには重要ですが、まずはどんな会社になりたいかという定性的なことを先に検討すべきです。

東京に武蔵境自動車学校という18歳人口減少の中で快進撃を続ける教習所があります。ビジョンは「お客様の一生の思い出を創る会社になる」です。このビジョンに基づき、卒業アルバム、ネイルサロン、車両貸し出しサービス（卒業しても死ぬまで一生利用可能）など、数々のサービスが生まれています。

これによって遠方から通って来たり、紹介で教習生の応募が増えたり、広告宣伝費を使

わなくても千客万来の状況をつくり出しています。

⑤内外の情報収集を行う

事業にまつわる環境分析調査が先という意見がありますが、私の経験では後で十分です。理由は、先に調査すると本来調べなくてもいいことまで調べてしまうので、大半が無駄になります。むしろ、外部環境については、この動向だけはお金をかけてでも調査したほうがいいという絞り込んだものに限定したほうが効率的です。

内部調査は、プロジェクトの初期か中盤までには行うべきです。小さな会社であれば別ですが、大きな会社の場合、プロジェクトの進行が他の一般社員には見えないといったことが発生します。定期的に多くの社員と直接、間接に接点を持つことにより、関心も高まり、自分たちの意見が反映されているという当事者意識も芽生えます。

⑥思いが詰まったビジョンに仕上げる

フレームワークを用いてステップを追って策定するのはお勧めしません。むしろ、あまり構造化しないで、熱い思いをぶつけ合うプロセスが重要です。ビジョン策定でも戦略策定でも同じですが、自分たちの会社をどんな会社にしたいかは、示されたフレームワークと検討手順を使えばきれいにまとまりそうですが、表面的になりやすいからです。

熱くなって時の経つことも忘れて夜遅くまで話し込むことも重要です。内部だけで進めるのならプロジェクト・リーダーが、外部を活用するのならファシリテーターが、いかにメンバーをコミットメントさせるか意識して進めることが重要です。

⑦わかりやすい言葉で表現する

思いの詰まったビジョンを策定したら、多くの社員の顔を思い浮かべながら、社歴の浅い若手社員でもすぐにイメージしやすい言葉の表現を考えます。自分たちで腑に落ちる表現を考えるのがベストですが、専門のコピーライターやコンサルタントを活用することも、時には効果的です。

⑧トップに説明して承認を得る

最後に、まとまったビジョンをトップに説明して承認を得ます。社長が承認すれば、ビジョン策定は一通り完成です。その後の社員への発表の仕方については、別の機会にしたいと思います。

なお、ここに紹介したステップは代表的なものですが、一例です。会社の規模をはじめ様々な前提条件を考慮して、ビジョン策定の進め方をデザインすることが必要になります。

方法3 非価格競争ビジネスの仕組みをつくる

「いい会社」でのビジネスの仕組みづくり

第3章で、価格競争をせずに顧客価値を提供する非価格経営の重要性と《大賞》受賞企業はすべて価格競争していないことを書きました。一冊の本になるくらいのテーマなので、ポイントだけ解説します。

お客様は、企業から提供される製品やサービスと引き換えに代金を支払い、企業は利潤を得るという一連の構造をビジネスモデルと呼びます。インターネットが普及し始めた時期に、ITを利用して実現する装置・方法の発明に与えられるビジネスモデル特許が話題になり、今ではITを活用しなくてもビジネスモデルと呼ばれ、ビジネスの日常会話で当たり前に使われるようになりました。

このビジネスモデルは、次の3つで構成されています。

- 顧客価値（顧客に提供する価値）
- 業務プロセス（顧客価値を継続的に提供する業務プロセスの仕組み）
- 収益方法とコスト構造（事業活動の利益を確保する方法）

「いい会社」は、その感動のエピソード部分が紹介されますが、実は価格競争を回避して高付加価値を提供する三方よし（お客様よし、自社よし、地域よし）の仕組みがあります。非価格競争ができるビジネスの仕組みをつくることは、「いい会社」であるための前提になります。赤字会社では、社員を幸せにするどころか、会社の存続にも関わるからです。

この非価格競争を実現する「いい会社」のビジネスの仕組みを見てみましょう。

①自社努力を成果に直接つなげる

次の2社に共通しているのは、エンドユーザーへの直接販売体制を確立して、中間・売上マージンがないことで高い収益を実現していることです。

［伊那食品工業］問屋を通さない直販体制をつくる

・用途開発により寒天を基軸として新商品を生み出す。
・食品問屋を通さず直営店の寒天パパや通販を通してエンドユーザーに直接販売する。
・問屋を通さないので中間マージンが発生せず高収益。

⇓500人の10％の50人が研究開発に充てられるので好循環する。

［ふくや］デパートや駅などの売店に置かず直営店で販売する

・新鮮な明太子の提供。
・直営店で自社社員がお客様に直接販売する。取引先を大切にして、明太子の原材料を他社よりも高く仕入れることで、いつも新鮮な原材料が優先的に手に入る。
・デパートなどには出店しないので、高い賃料と売上マージンがないため高収益。
⇓経常利益の10〜20％を社会・地域貢献に還元し、地域から喜ばれて好循環する。三方よしの高収益を確立して、新事業・新商品の開発ができ相乗効果を生んでいる。

②千客万来の仕組みをつくる

次の2社に共通しているのは、稼動率が100％近いということです。ホテルでも飛行機でも、サービス業で空きがなければ無駄がないので高い利益を実現できます。

[武蔵境自動車学校] 感動のサービスで紹介が連鎖していつも満杯
・お客様の一生の感動を生むサービスを次々と提供。100〜35万円の高級コースも設けている。
・事務スタッフから教官まで全員が、お客様の一生の思い出づくりに向けて、それぞれの業務で日々改善して高い運営オペレーションを実施している。
・広告宣伝や代理店に頼らず（経費をかけず）紹介客だけで平日も満杯で高収益。

[長野中央タクシー] 先義後利（お客様満足が先、利益は後）の経営理念の実践で地域のお客様に徹底サービス（配車率98％）。
・地域住民にワンメーターでも親切丁寧に接客する（車椅子客を乗せるときに分解し病

院についたら組み立てることまで行い、病院送迎を損得抜きで時間をかけても実施）。
・常連客が多く配車係からドライバーまで顧客と緊密な関係を築き業務運営がスムーズ。
・駅待ちも空の流し運転もないため高収益。

③高付加価値＋繰り返し販売で安定利益

お客様価値にとっての値段は価格だけではなく、補完的サービスを含めてトータルの価値で購入を決めます。とくに中小企業は、価格以外の価値をつくり、お客様と提供側にも顔が見えるビジネスをすることが大切です。

［沖縄教育出版］高い利益率の健康食品を適正価格販売＋高い満足で提供
・電話で2、3時間かけてオペレーターがお客様に売り込むのではなく、相談に乗るという一見非効率なコミュニケーションがお客様を満足させる。
・「仕事は芸術だ！　仕事は祭りだ！」をスローガンに効率よりも効果を優先した業務運営を徹底している。
・比較的高い利益率の健康食品を適正価格で販売し、親切丁寧な高い満足を得たお客様がリピートするため、販促費を抑えながら高い利益率をあげている。

［電化のヤマグチ］商品以外のあらゆる付加価値サービスを行い価格競争を回避
・「遠くの親戚より近くのヤマグチ」で、電球一個の取り替えから旅行で留守中の植木

の水やりまで、お客様のわがままをすべて聞く。楽しい買い物を楽しくお手伝いする。

・かゆいところに手が届くように、顧客データ3万世帯を1万3000世帯に絞りこみ、優良顧客にだけ手厚くサービスを提供する。

・周囲の家電量販店の「安売り」に対して、あえて「高売り」といい、メーカー希望価格でしっかりとした粗利を確保して高収益をあげる。

④短納期発送ができる体制をつくる

多くの会社が価格競争に陥りがちななかで、他社を圧倒する短納期の体制を確立させて取引額を伸ばしている。

[ダイニチ工業] 完成在庫を持つことで短納期を実現

・急に寒くなって石油ファンヒーターの大量発注があっても、すぐに納品できる。

・協力会社の夏場の仕事をつくり完成在庫でつくり置きしている。

・取引先が家電量販店のため、粗利は薄いが大量納品でき受注額を確保できる。

[島田] 差異化できない商材で顧客価値を高める短納期を実現

・建設資材の卸販売であるため、他でも取り扱っていて差異化ができないなか、スピード納品を実現している。

・豊富な在庫で多品種の一括注文に即納できる体制を確立し、適正利益を確保している。

値決め権を持つ経営の仕組みづくり

非価格競争を確立するということは値決め権を持つことで、そのための仕組みづくりが必要になります。最も簡単に新しいビジネスモデルを考える方法を紹介します。

［ステップ1］お客様のニーズを「不」で洗い出す

不足、不便、不備、不都合、不合理、不安、不満、不信、不快、不経済。家の中が使わないもので溢れていいて不快だ。

［ステップ2］お客様が解決したいことを文章化する

いらないいものを処分して家の中をスッキリさせる。

［ステップ3］制約条件を洗い出す

捨てるにもお金がかかるし手間もかかるし仕事が忙しくて時間もない。大きな家具など扱いにも困る。

［ステップ4］解決された状態を描く

お金と手間と時間をかけず、使わないものを処分し、家の中をスッキリさせる。

［ステップ5］解決する方法を洗い出す
お客様がいらないものの回収方法・処分方法を考える。
Reuse（リユース）…………いらない人といる人をマッチングする
Recycle（リサイクル）……再資源化する
Re-arise（リアライズ）……再価値化する
例）家具の回収→家具の解体→廃材の選定→製作→デザイン案の監修→
　デザイン案のプレゼンテーション→完成

［ステップ6］コンセプトを明確にする
「ゴミゼロ社会の実現／そんなに、いらない／Less is Beautiful.」

この流れは、㈱ウインローダーの高嶋民仁社長が試行錯誤の末にコンセプトをつくり、「エコランド」事業として軌道に乗せた実例です。このステップを追って作成したものではありませんが、全ステップの取り組みに当てはまります。

私はこの6段階のステップを複数の企業で検討しましたが、比較的短時間で数多くのビジネスモデルの案が抽出できます。ただし、実際に検討を行うと、ステップ通りには進みません。ステップを前後しながら、全ステップの要素の輪郭が徐々に明確になってくるのが普通です。

さらに、非価格競争のビジネスモデルを考える上で、収益モデルの検討は非常に重要です。なぜなら、基本的な考え方としては、全商品を一律の粗利でビジネスができるほど環境は単純ではないからです。最近、FREEプレミアムモデルが、当たり前になりました。基本的には次の3つの組み合わせです。

・利益を出す商品と利益を出さない商品を組み合わせる

例）プリンターを安く販売し、消耗品のトナーの繰り返し販売で利益を出す。

・利益を出さない人と利益を出す人を組み合わせる

例）古くは名古屋の東山動物園。中学生以下の入園料を無料にすることで、大人の入園を促進した。

・先に利益を確保する、継続的に課金できる仕組みをつくり、後で利益をあげる

例）インターネットサービスでは、最初は無料で一定期間使うと有料化される仕組み。

利益を出す商品と利益を出さない商品が組み合わされ、継続販売していく仕組みを持っ

ているのが、島根県太田の過疎の町にある中村ブレイス㈱です。

中村ブレイスは、世界中から訪れる手足を失った人に、フルオーダーメイドで人工物をつくる会社です。社員1人が1カ月かけて人工乳房をつくります。立派な本社や研究所を建て、100人もの社員を雇用しています。採算は……赤字部門なのです。

どうして経営が成り立つのか。開発した特殊シリコンは、同業者に販売権を提供し、国内では500社以上が販売しています。つまり、フルオーダーメイド商品は赤字でも、レディーメイド商品は黒字で経営が成り立つ仕組みなのです。

赤字だけどこのフルオーダー部門があることで、社会的信頼が高まり、内部では技術の向上につながります。さらに社員の精神面への効果を高めています。「企業には健全な赤字部門が必要である」という考え方があります。健全な赤字部門が企業精神を支えるからです。赤字部門をやめるということは、企業家精神を支えるものをなくすことになりかねません。中村ブレイスが他の義肢メーカーとの違いを示す企業家精神のシンボルだからです。

革新的なビジネスの仕組みづくり

非価格経営だけでなく、社員のワークライフバランスを実現するためにも、ビジネスの

残業発生の構造

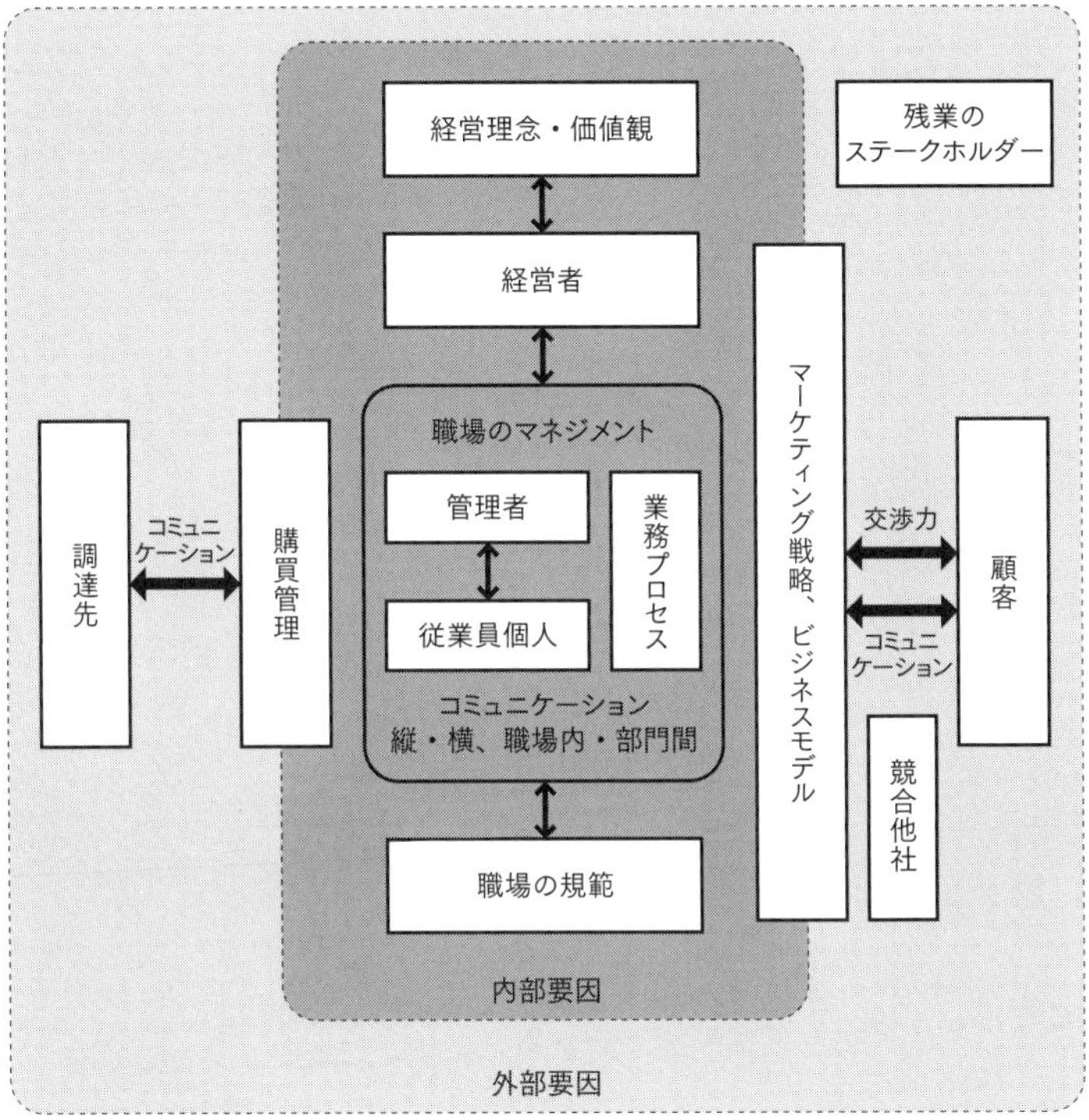

残業の構成要素とアプローチ

- デッドライン・アプローチ…………外形的に残業を規制し、「残業ゼロ」を目指す。
- 原因究明アプローチ………………残業発生原因をつきとめ、元から絶つ。
- 動機づけアプローチ………………個人のやる気を高め、一人ひとりが残業を減らす。
- チームプロセス改善アプローチ……職場の自律的努力で残業をなくす。
- トータルシステム・アプローチ……上記1～4を最適に組み合わせて相乗効果を上げる。

※イマージョン作成（不許複製）

仕組みの革新が必要です。次頁の図は残業が発生する構造です。

内部のマネジメントの改善だけでは解決できないことがあります。それは、外部との関わりがあるからです。例えば、大手の下請であれば、値決めが自由にできないだけでなく、厳しい納期が設定されることは珍しくありません。そのため、夜中までかかって間に合わせることにもなります。

参考までに、残業の構成要素とアプローチの関係も説明しておきます。残業ゼロを目指すには、すべてのアプローチを組み合わせます。内部だけで取り組めるアプローチは、比較的短期間で成果につながりますが、コントロールが難しい外部との関係である下請その他のビジネスの構造については、計画的に変えていかないかぎり、残業ゼロを目指しても期待した成果につながりません。

方法4　社会的責任を果たし社会貢献に取り組む

社会的責任と社会貢献の関係

「生活を質素にしたり経費を節約することは金を尊重することで、奴隷になることではない。また、合理的に社会・国家のために事業を経営し、合理的に利益を上げることも金を尊重することだ。しかし、昔の商人のように人に迷惑かけようが社会に迷惑かけようが、金を儲けりゃいいというのは金の奴隷である。それを私はとらなかった。私は金を尊重する。昔の侍が金を尊重することを知っていたならば、私の先生が私に書いてくださった額にあるように、侍の魂を持って商売人の才を発揮せよという士魂商才が武士によって発揮され、日本の産業は明治時代に外国のいいところを採り入れて、りっぱな事業家がたくさん出たと思うのです」

これは出光佐三（出光石油創業者）の言葉ですが、短い中にも経営者が心しなければならないことが凝縮されています。

日本のCSR（Corporate Social Responsibility）の歴史は、第3章で書きましたので、ここでは、「いい会社」が行っているCSR活動を題材にしながら、具体的にどのように取り組んだらいいのかを考えてみます。

ＣＳＲは、企業の社会的責任と訳されています。ウィキペディアには、「企業が倫理的観点から事業活動を通じて、自主的（ボランタリー）に社会に貢献する責任のことであるが、日本においては、企業や社員による寄付やボランティアといった社会貢献活動と誤解・誤訳・混同されることが多い」ともあります。

確かに「社会的責任」と「社会貢献」とはどう違うのか。様々な取り組みがあり、国によっても捉え方の違いもあるので、整理しづらい状況だと思います。

さらに、マイケル・ポーターが２０１１年にＣＳＶ（共通価値の創造）の論文を発表してから、経済性と社会性を両立させた営利の要素を持った社会貢献と、非営利的な社会貢献である従来からのＣＳＲとの違いなど様々な意見がありますが、本著では、４つの象限での企業活動があるという程度に留めて、どのように取り組んだらいいのかについて考えていきます。

社会的責任には3つの根拠がある

社会的責任を、嶋口教授は１９９０年代に次の３つに整理しました。

①基本的責任　価値創造、雇用創出と維持、租税（利潤を出す）。忘れがちになる当たり

社会的責任と社会貢献

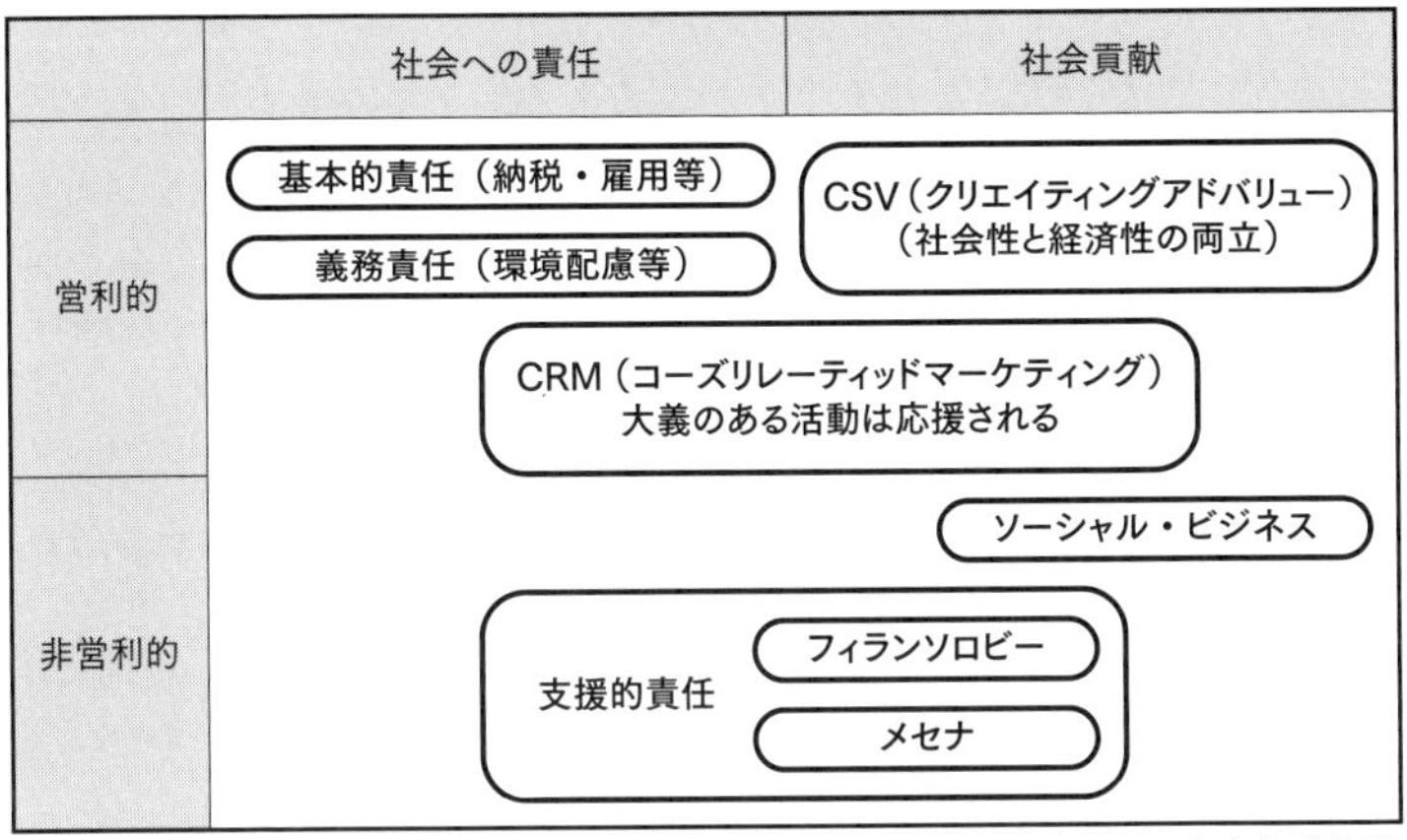

＊イマージョン作成（不許複製）

前のことを特別に熱心に徹底的に行うことの大切さ。

②義務的責任

内部不経済…情報の作為的ねつ造、不祥事隠蔽、社会的品質を開示しないことは長期的には内部不経済、不利益につながる。

外部不経済…環境問題など第三者に不利益を与える企業に長期的繁栄はない。

③支援的責任

メセナ、フィランソロピーなど経済的な余裕に基づき自由意思で行われる。

メセナとフィランソロピーを社会貢献といった見方もできますが、嶋口教授は支援的責任に挙げています。嶋口教授はノブレス・オブリージュ（高貴さは義務を強制する）、つまり財産、権力、社会的地位の保持には責任が伴うという観点で整理したのでしょう。

基本的責任は社会を維持するため

基本的責任として、税金を払い、雇用を創出することに異議を唱える人はいないと思います。しかし、現状の日本企業は、約7割が赤字（2014年3月に国税庁発表）であるとすれば、多くの企業が基本的責任を果たしていないことになります。このことも企業経営者が、余裕ができたら社会貢献をするといった考え方になる一因であることは間違いありません。

一方、「企業における社会貢献は、税金を納めることであるから、余計なことはしないで行政に任せればいい」といった考え方が未だにあります。この考え方には限界があると思います。それは、行政に携わる人が必ずしも適正な税金の使い方をするとは限らないからです。

一般企業ではありませんが、《大賞》の実行委員長賞受賞の社会福祉法人アンサンブル会（長野県）は、雇用創出といった基本的責任を十分すぎるほど果たしているので、紹介したいと思います。

小椋年男理事長は、「まずは障がい者の自立とは何かを定義すべきだ」と言います。障がい者の自立の定義も曖昧なまま、どういう取り組みが有効かなど、わかるはずがないとも言います。

「自立」とは生活の中ですべてのことを自分一人の力で行うことができることと解釈できます。しかし、この内容を直接的に解釈すれば、障がい者や高齢者では、自立生活を送ることは非常に難しくなります。そこで、福祉領域における「自立」とは、生活の中で必ずしもすべてのことを自分一人の力で行うことができるか否かは問題ではないとする立場がとられています。

障がい者における「自立した生活」とは、介護などの支援を受けながらも主体的、選択的に生きることができる状態だと思います。

同会で働く障がい者は、同会の施設に住み、食事をして、給料＋補助金を加えれば、自由に使えるお金が月5万円あります。これが、小椋理事長が実現した、親亡き後に障がい者が自立した状態なのです。

おしゃれで快適なグループホームを15棟つくり、同会で働く職員の給料も平均以上です。小椋理事長は、行政のお金の使い方に疑問を持ち、長野県伊那市で、障がい者が自立できるモデルをつくりたいと考えています。そして、社会福祉法人としても企業経営と同じように、補助金頼りではなく、補助金を大切に活用しながらも、知恵を出して高いパフォーマンスと働く人の満足を生み出しています。

成人になっても、寝たきりで寝返りもできないまま、食事も下の世話も職員がしなければならない重度の障がい者も、アンサンブル会で生活しています。税金も、アンサンブル会のような使い方であれば、納得がいきます。

義務的責任は社会にマイナスを与えないため

食品偽装、製造日付替えによる賞味期限切れの商品販売のニュースが流れますが、現場を歩いていると、あまり見たくない光景に出くわすこともあります。そうした中で、食品偽装とは無縁で、尊敬する会社を紹介します。青森に本社を持つ太子食品工業㈱です。

以前、大豆の遺伝子組み換えについて、大きな関心が持たれた時期があります。その際に、工藤茂雄社長がとった勇気ある行動に大きな尊敬の念をいだきました。遺伝子組み換え作物の問題に関して、1997年遺伝子組み換え大豆不使用を国内で一早く決断し、新聞に全面広告を出したのです。このことが問題になり、国会での説明が求められます。

工藤社長は、太子食品工業は当座の利を追うことより、お客様の健康・安全・安心を追求することによって企業存続の源としていくこと、お客様が知らず知らずのうちに病気になるのを防いだり健康になってもらえたら、生産者としては本望であると説明し、手間暇や投資が多くかかったり、経済的には採算性を悪くすることばかりだが、妥協したら、社員はもとより社会からも信頼されないと語り、遺伝子組み換え大豆の使用表示が義務化の決め手となりました。

遺伝子組み換えだけでなく、同社の一丁寄せによる製造方法は、他社とは異なります。通常は、大きな豆腐をつくり、最後に容器に入るサイズに切ります。そしてその際、雑菌がつかないように消毒といったことも行われます。

しかし、「一丁寄せ製法」でつくる豆腐は、包装されるまで、人の手や水には触れず、無菌に近いクリーンな製造工程でつくられます。そのため、通常は日持ちがしない豆腐なのに長い日持ち（賞味期間13日間）を実現しています。

社会貢献は社会面・経済面にプラスを与える

①社会貢献は社会性と経済性を両立させる

社会貢献は、営利と非営利に分かれますが、非営利については、カンボジアに学校をつくるといった本格的なことから、駅前清掃、障がい者施設からの購入といった身近なことまで、できる範囲で行えばいいと思いますので、ここでは、社会性と経済性を両立させる社会貢献について整理したいと思います。

日本の障がい者雇用率はまだ2％に満たず、諸外国と比べても社会的な問題です。今後、少子高齢化が進めば進むほど、障がい者の数は増えることが予想されます。なぜなら、人間は好むと好まざるとに関わらず、年を取れば障がい者になる確率が高まるからです。

仙台で一番予約が取りにくいと言われているレストランが六丁目農園です。障がい者雇用率が60％を超えます。障がい者の負担を考えて昼間しか営業していませんが、本当によく考えられた運営とビジネス展開をしています。

ビュッフェスタイルにした理由は、障がい者がオーダーやサーブを個別にすることが難しいからです。また、複数の業態の店舗を近くに設置しているのにも理由があります。店で仕事をしていると必ず、人間関係の問題が発生します。これは、障がい者同士でも健常者と同じです。その際、誰々さんと合わないから辞めたいということになれば、通勤の負担もなく近くの店に配置換えができます。

また、障がい者といっても精神・身体・知的があり、その中でも人によって大きく異なります。調理場での仕事が得意な人、お客様と接することができる人など様々で、もし、その仕事が合わない場合は、ほかの仕事に役割を替えることができるようにするためです。

さらに、近くに農園もあり、店舗で働くことができない人は農園で働き、その畑でとれた有機野菜がそのままレストランに出せます。

まさに1次・2次・3次の足し算、掛け算でいわれる垂直統合の6次産業化で、非常に合理的にできたモデルです。多くの障がい者の雇用を創出した上で、時給制最低賃金以上を払い、かつ、自店舗も利益をあげることができ、お客様の満足度も高い三方よしのモデルです。

②社会貢献活動の取り組み方

これまで紹介した法人が、なぜその社会貢献に取り組んだのかというと、最初から計画的に取り組んだというよりも、お子さんが障がいを持って生まれたり、友人が実施していて誘われたり、視察に行って面白いと思ったりと、様々な理由があるのが現実です。

ここで、企業として、意図を持って取り組む際の進め方を紹介します。社会貢献活動の取り組みをステップで書きますが、実際にはあれやこれややってみて、自社に合うものがあるときにパッとひらめいたり、あるいは、徐々に形成されていくことが多いのが現実ですので、あくまでも一例だと理解してください。

［ステップ1］社会的な問題を列挙する

環境、教育、文化、経済、倫理、人権、人口、医療、市民、資源、安全、食料という12分野の社会的課題から、自社で取り組める候補を選びます。

例えば、最近よく話題になる社会的課題は、次のようなものです。放射能問題、待機児童、学級崩壊、所得格差、フェアトレード（公正取引）、虐待・暴力、障がい者雇用、非正規雇用、ワーキングプア、人口減少、地域消滅、老老介護、レアメタル、自然災害、ネットセキュリティ、食品偽装、少子高齢化、所得格差。

［ステップ2］自社がその課題に取り組むべき必然性を考える

なぜ、その社会的課題に取り組むのか、業種・業態、地域、会社の歴史などを念頭にその課題に取り組むべき必然性を考えます。理念に合致したビジネスモデルを作成するに当たり、例として挙げたウインローダーは運送業なので、個人の引っ越しや会社の移転で、回収物の中にまだ使えるものがあることから、ゴミ問題の解決につながるリユース、リサイクル、リアライズに取り組みました。

審査員特別賞受賞の㈱パン・アキモト（栃木県那須塩原市）は、阪神大震災のときに備蓄食として日本初のパンの缶詰をつくりました。注目され始めたのは、15年前の中越大震災のときです。同社の社会貢献活動は「救缶鳥プロジェクト」です。パンの缶詰「救缶鳥」は、3年の賞味期限のうち2年間を購入者が非常食として備蓄した後に回収し、その直後に義援物資として飢餓に苦しむ国々に贈る国際義援事業です。多くは発展途上国に送られます。賞味期限は1年もあるので食べるのには十分で、「日本のやさしさが届けられている」と国際的にも高い評価を得ています。

2社のように会社の必然性がある、その会社ならではのストーリー性がある社会課題への取り組みは、関係者の理解が得やすくなります。

［ステップ3］ベンチマーク企業を参考にする

社会性と経済性を兼ね備えたモデルは、数多くあります。例えば、静岡のたこ満は新事業展開として、仙台の六丁目農園と同じモデルで、掛川森林果樹公園アトリエを展開しました。ウインローダーの循環型ビジネスモデルは、高嶋社長の考えで、同モデルを各地域で展開するために仲間を募っています。運送会社を営んでいる方は研究してみる価値はあります。

［ステップ4］候補として挙げた社会貢献の自社の効果を確認する

社会の課題の中から自社で取り組む必然性があり、ストーリーがあるものを洗い出します。次に、縦軸に営利と非営利、横軸に社会的責任と社会貢献といった4つのBOXで分類し、効果を書き出します。営利なら、非価格のビジネスモデルのうち、誰から、いつ、どのように収益を得るのかをデザインします。非営利なら、収益以外でどのような効果が期待できるかをまとめます。そして社員の人間教育・人財育成効果、社員のモチベーション向上、地域でのイメージアップなど、社内外での効果を確認します。

［ステップ5］定期的に社会貢献活動の質と効果を確認する

社会課題は、時代とともに変わっていきます。また自社の取り組みにより、社会課題の解決につながるという嬉しいことになる可能性もあります。ただ、いいことも長年続けていくとマンネリ化することもあります。そのため、社会貢献活動の質と効果を定期的にメンテナンスしていくことが重要です。

社会貢献については、社会的責任と社会貢献、非営利と営利といった区分けが整理されていない人がまだ多いことから、問題意識が高いトップでも、理解に差があると思います。しかし、経営トップの「よきにはからえ」ではうまくいきません。経営トップがしっかり理解した上で旗を振ることが前提となります。

方法5　経営理念と経営管理を合体させる

経営理念と経営管理の一貫性

経営理念の共有化には経営管理が大きく関わっています。そして両者の間に一貫性がないことが多いというのが実態です。理由は、経営管理の中で、当たり前に意識されているのは、売上・利益といった財務的なものだからです。

経営理念には、お客様満足、社員の幸せ、社会の発展といった言葉が頻繁に使われます。しかし、実際は「今月、どのくらい売上が上がるだろう。粗利はどうだろう」といった経営管理が、多くの会社で行われています。とくに成果主義的な人事管理を導入している会社では、先に挙げた経営理念の内容と、実際の経営管理との乖離が大きく開いています。

不正経理が問題になった東芝のホームページに掲載されている経営理念は「東芝グループは、人間尊重を基本として、豊かな価値を創造し、世界の人々の生活・文化に貢献する企業集団をめざします」です。

しかし、2009年から2014年まで合計約2000億円を超える利益の水増しが、不正会計騒動となりました。その原因が、「チャレンジ」という経営陣からの無茶な要求です。各部署に、短期間では達成不可能な利益目標を示し、圧力をかけたと言われています。なかには3日で120億円の利益を出すように求めたこともあるようです。その結果、水増しという不正行為が蔓延していったと報道されました。

東芝の経営理念のアクセサリー化で、経営管理が骨抜きになっていることがわかります。逆に、高邁な経営理念を掲げるほど、そのギャップに社員は落胆してしまいます。

経営理念に沿って日常を管理する

北九州市小倉にバグジーという美容室があります。平日でも予約が絶えない感動の美容室です。バグジーの経営理念は、「敬愛（すべてに愛をもって取り組みます）」です。久保華図八社長は、「こうした経営理念を見ると、バグジーはやさしい美容室だと思うかもしれません。しかし実態は厳しい美容室です」と言い切ります。

バグジーの一人あたりの売上数字は、ほぼ業界最高水準を達成しています。東京の美容室との価格設定の差を考えれば、最高水準と考えていいでしょう。重視している指標は、リピート率や紹介数といったプロセス指標であり、マネジメントの考え方は実にシンプルです。サービス業におけるお客様への対応は多種多様です。したがって、すべてをマニュアル化することは非常に難しいのです。必ずイレギュラーが発生します。

しかし、ことあるごとに上司、美容室であれば店長にお伺いを立てていては、素早い対応はできません。お客様がイライラすることになるからです。では、どうしたらいいのか。バグジーでは、ひとつだけ決められた基準があります。お客様に対するそれは「友だちだったら、どうする?」です。

例えば、閉店間近に客が来たとすると、通常は丁寧にお断りします。そこを友だちがせっかく来てくれたと考えれば、少し帰るのが遅くなってもカットしてあげようと思うだろう、ということなのです。さらに、「友だちだったら、どうする?」を基準に、客が喜ぶことであれば、自分の判断で何をやってもいいことになっています。

従業員に対する重要な基準も、お客様に対する基準同様にシンプルです。「兄弟だったら、どうする?」です。スタッフが病気になれば兄弟同様にケアし、仕事があれば代わってあげる。失恋すれば一緒に飲みに行き、盛り上げる。店を辞めたいとスタッフの誰かが言えば、店中のスタッフ全員で引き留めるといったことが日常的に行われています。

さらに、バグジーアカデミーをつくり、バグジーのスタッフだけでなく、同業のスタッフも一緒に美容技術を学ぶ場をつくっています。

バグジーの経営管理を見てみると、経営理念と合致していることがよくわかります。だからこそ、平日も予約で埋め尽くされるという結果が出るのでしょう。

モチベーションを高める人事制度
（学歴別・年次別・性別に代わる制度）

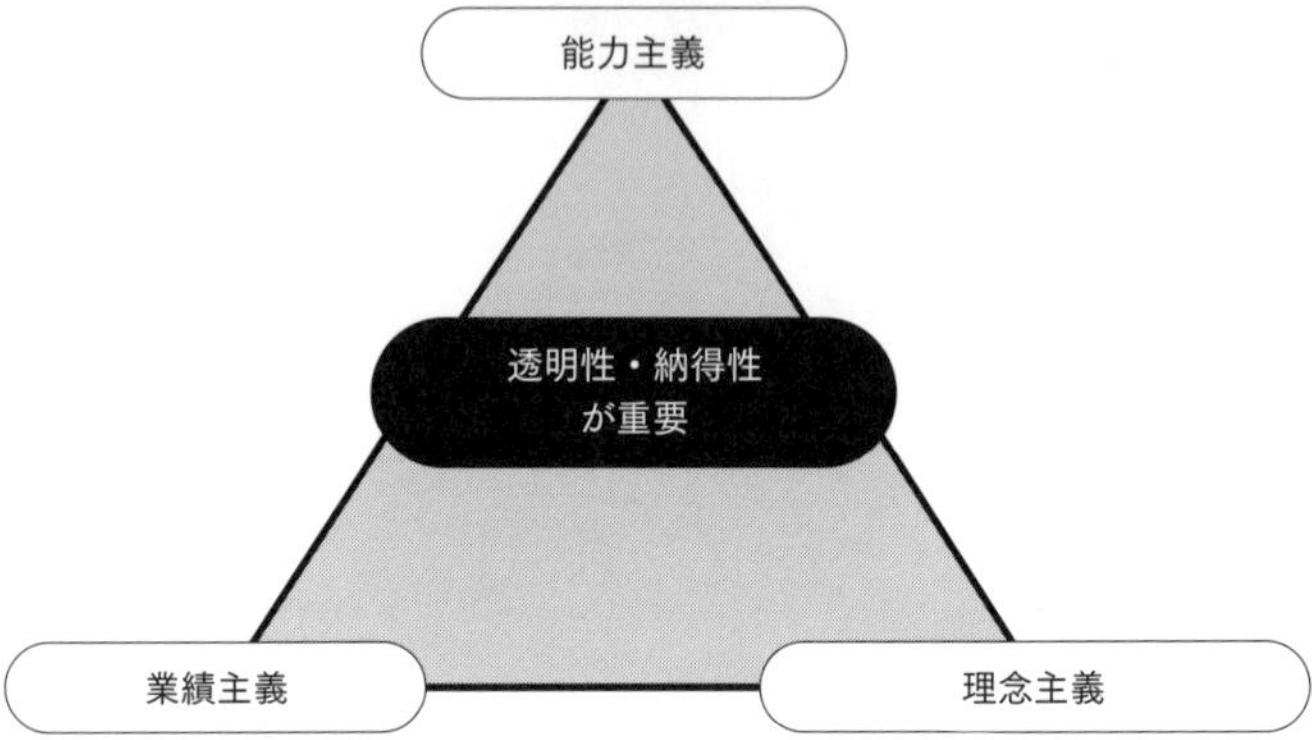

20年以上黒字を続け、《大賞》の中小企業庁長官賞をはじめ、数多くの受賞歴のある日本レーザーの人事制度は経営理念と合致しています。経営理念は「私たちは、世界の光技術を通じて、お客様やパートナーと共存共栄を実現し、科学技術と産業の発展に貢献します」です。

経営理念を重視し、さらに一貫した経営管理を行っているこの2社は、長期にわたって安定的な業績をあげています。経営理念と経営管理に一貫性を持たせることにより、再現性の高い社員の行動につながっているのです。

経営理念に沿った経営管理体系をつくる

①先行指標を設定し運営する

売上や利益は、経営活動の結果です。これがあがっていなかったら、先行する指標も低いはずです。もし、先行する指標が低いのに売上利益が出ていたら、それはイレギュラーであり継続性が担保できません。

先行指標は売上・利益を予想します。先行指標とは、売上や利益などの数値（＝遅行指標ともいう）が将来どのように反応するかを示唆するものです。例えば「顧客満足度」「納品スピード」「新商品比率」「改良件数」「紹介数」「リピート率」などがあります。売上や利益につながる先行指標を選択し、つながりを確認することが必要になります。

私はKＰＩ（Key Performance Indicators）は戦略と同意語だと思っています。そして「いい会社」ほど先行指標をうまく使っています。例えば、武蔵境自動車学校は1回免許を取得すれば本人がリピートすることはありません。そこで、リピートではなく紹介数にこだわり、徹底的に顧客満足度向上のためのサービスの創出をこれでもかというように行っています。

㈱エーワン精密（東京都府中市）という過去40年間の平均経常利益が38％という驚異的な会社があります。同業他社が1週間かかるところを当日に70％発送してしまうなど、短納期にこだわっています。

分析的に行うと、例えば横軸に売上、縦軸に紹介数の2軸をとり、それぞれの変数が交わるところに点を打ち、2つの関係性を確かめる「散布図」をつくるなどします。

また、先行指標と遅行指標の間には時間的なギャップが生じるため、時系列で数値を捉えることによって、その時間的ギャップがどのくらいなのかを把握することもできます。

②経営理念と連動する人事管理制度をつくる

人事管理制度のつくり方は膨大になるので、ここでは考え方のポイントを書きます。

伊那食品工業は基本的に年功序列で、その理由を塚越会長は次のように語っています。

「年功序列を否定する人がいるが、年を取れば誰でも体力は落ちてくる。今の時代は知恵の社会。知恵は年を取ればとるほどついてくる。上司によって評価が分かれるくらいなら年功序列でいい。本来、人間が人間を評価すること自体不可能。それをあえてやろうとするから無理が出る。そうはいっても抜擢はする。誰が見てもいいという優秀な人がやらないとうまくいかないこともあるからだ。そうすれば必然的に給料に差がついていく」

また、全国の生協が頻繁に視察に訪れるコープみやざきも年功序列ですが、成績の順番だけは公表しています。理由を真方和男専務理事は次のように言っています。

「年功序列は、組合組織には合っているけど、それだけだと切磋琢磨しないので成績表は公表する。ベテランで成績が悪い人は、なんとか貢献しようとがんばる」

つまり、人事制度だけを掘り下げて考えるのではなく、補完する仕組みなど組織全体で考えているのです。人間の体でいえば、腎臓が悪ければ腎臓だけを診るのではなく、内臓全体がうまく機能するようにバランスをとりながら組織を機能させているのです。

人事制度を狭い範囲で考えていると、個々の制度のテクニカルな面を重視しがちになります。本来、人を完璧に評価すること自体が難しいのです。とくに組合がある会社は、多くの社員に説明できるように細かく精緻に制度設計しますが、その運用が大変で、うまくいかないケースが数多くあります。

人事制度をつくる上でのポイントをまとめると、以下のようになります。

・人事制度だけでなく、他のマネジメントで補完する。
・組織の他の要素（組織文化、構造、業務内容など）を含めたトータルで設計する。
・人事制度の精度は70点主義で運用を工夫する（面談を毎月行う）。
・流行りの人事制度ではなく、独自の人事制度をつくる。
・できるだけシンプルにする。

方法6　経営理念・組織文化に合う人財を育てる

経営理念・組織文化に合致した採用

《大賞》を受賞するような会社の採用基準は、経営理念や文化に合った人を採用していることです。

伊那食品工業の塚越会長は、「当社では、小さくても平和な家庭が築ければいいといった人が働いている。野心家は霞が関か外資で働けばいい。人の自由だから」と言います。

一方、女性、高齢者、外国人、障がい者の方と一緒に仕事をすることが当たり前になり、ダイバーシティ（多様性）のマネジメントの重要性が叫ばれています。異なる価値観や生活様式を持っている人が一緒に仕事をするのですから、難しい面もあります。

ダイバーシティの効果として、イノベーションが起きやすいと言われています。しかし、塚越会長の話のように、まったく違う価値観を持つ人を採用してうまくいくかといえば、現実はなかなか大変です。そこで、経営理念をはじめとするセントラルバリューや組織文化に合致した人を採用すべきです。

一部の経営学者は、経営理念を一種の洗脳であるとし、社員を一つの考え方や行動に求めようとすることには、企業のイノベーションを減らしているとして、否定的な人もいますが、これは一面的な捉え方です。そして、必ずしもトレードオフ（片方をとれば、片方がなくなる）といったことではありません。

学生が殺到することで有名な㈱ライブレボリューション（東京都港区）という会社があります。同社では、社員のことをメンバーと呼び、「メンバー第一、顧客第二主義」を徹底しています。「お客様のために」といった合言葉の下に、メンバーに過酷な労働を強いるようなことは決してありません。会社とはメンバーそのものであり、メンバーあっての会社と考えているからです。

以前、アイエヌジー生命保険と坂本ゼミ研究室との共同研究で、モチベーション調査を行ったことがあります。同社では「一緒に働くメンバーが素晴らしいから」というのが一番の理由でした。二番目の理由は「企業文化が素晴らしい」でしたが、こうした回答を社員がする背景には同社の経営理念・企業文化に強く共感した価値観の合う者が集まっているからです。

同社では、経営理念に合致し人間性に優れているなどの厳格な採用価値基準に合致した者しか採用しないということを長年実践しています。結果として2万人もの新卒エントリーがあっても、毎年採用されるのは10人以下です。

採用時に求職者に経営理念、価値観を詳しく説明した上で、納得ずくで入社に至るというプロセスをとります。これは、企業規模の拡大が優先される会社では不可能です。実際、同社は2004年設立ですが正社員55人で、他のIT企業に比べると成長はゆっくりです。しかし、売上高76億円強（2015年12月期実績）と少数精鋭で非常に付加価値が高い経営を実現しています。

増永寛之社長が、何（事業）をやるかではなく、誰とやるかを重視しているからです。

徳・志・知の人財を育成する6つの方法

①才よりも徳が重要

「いい会社」では、才よりも徳を重視します。徳のない人に才の教育をすれば、その才を悪いことに使いかねません。逆に徳のある人が人のために役立とうとすれば、才が必要になります。つまり、徳の高い人は自然と才も高めようと努力します。

経営の後継者は、身内、生え抜き社員、外部招聘者など様々です。誰がなる場合でも重要なのは、その人に徳や志があることです。しかし徳と志の教育は、経営トップだけでなく全社員に必要です。そして、徳と志がある人が経営の重要な意思決定に関わるようにならなければ、会社は「いい会社」になるどころかおかしくなってしまいます。

《大賞》の実行委員会特別賞を受賞したのは、横浜市にある池谷学園富士見幼稚園です。規模は年少・年中・年長児あわせて180人強、スタッフの数も園長以下、保育士・事務職員など約15人という小さな幼稚園ですが、他の幼稚園と異なる特徴があります。

それは、日本ではじめて統合教育を行い、今でも継続していることです。統合教育とは、障がい児も健常児も分け隔てなく受け入れ、同じ教室で学び遊ぶ保育のことです。各クラスに1~2人、全体で1割程度は毎年、知的・身体に障がいのある園児がいます。

二代目玉川弘園長が、統合保育は健常児や障がい児はもとより、社会にとってもよい育て方であるという信念で推進してきました。ここまでの道のりは、健常児の母親の反対や心ない人々からの誹謗中傷もあり、苦労したそうです。しかし今では、遠方からわざわざ通園する園児がいるほど評価されています。

象徴的なエピソードを紹介します。小学校の運動会の練習のとき、障がいのある一年生が走っていて転びました。そのとき、すぐに駆けつけて起こしてあげた2人の子供がいました。あまりの素早い対応に驚いた先生は「なぜ、あなたたちはそこまでしてくれたの」と聞きました。2人は「富士見幼稚園でも、いつもやってたもん」と当たり前のように答えたそうです。小さい頃からの心の教育がいかに重要であるかがわかります。

経済産業大臣賞を受賞した㈱マルト（いわき市、スーパー）は、幸せを創造する企業づ

スーパーマルトの教育体系

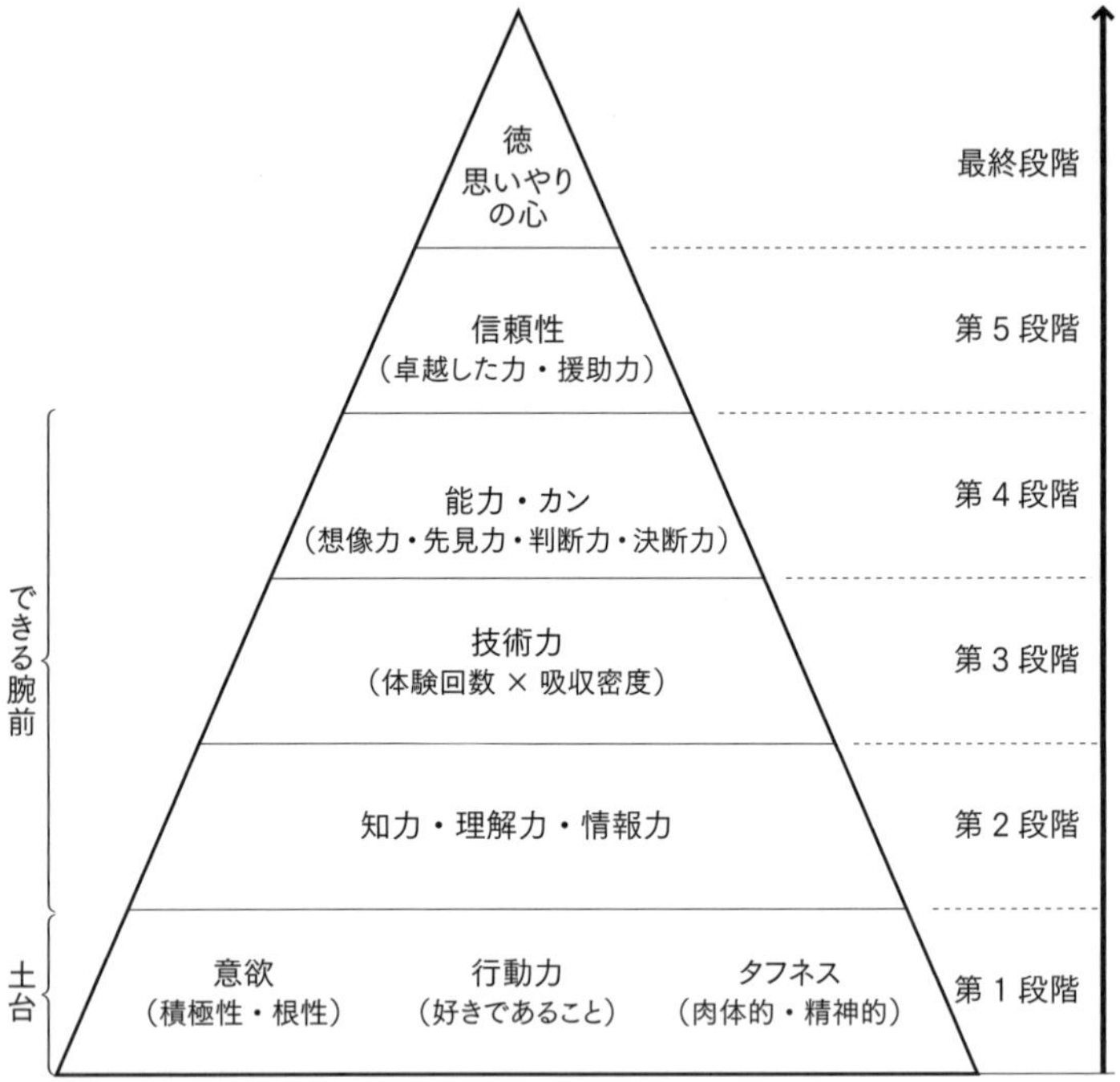

くりとして、各200頁以上の3セットを社員全員に配布して人財育成体系をつくっています。

人間教育にとくに力を入れて、図のように示しています。そして、最終段階を徳の人とし、徳のある人は指示しなくても部下が仕事をやってくれ、友人、先輩が仕事に協力してくれます。20代、30代、40代と思いやりの心と行動をもって、徳を積んできた人が50歳以上になって徳人になれるとしています。

では、どのように徳・志・知のある人財を育成していくのかを紹介します。

②感動に触れる

感動するものを読む、徳と志のある会社に実際に訪問して徳と志のある人と接する。百聞は一見にしかず。これは、経営者にも社員にも当てはまります。

私は数多くの企業視察を企画して、経営者には2つのタイプがいることに気づきました。それは、いつも経営者一人で参加される方と、社員を一緒に連れて来る方がいることです。経営者が勉強をすることは重要ですが、よくあるケースとして、自社で実践しようとしても社員の理解が得られないことがあります。その理由としては、社員は現場に行っていないために、経営者の話を聞いても実感がないからです。

若いときから感動に触れさせるという意味だけでなく、一緒に企業視察などで勉強することで、学んだことを社内で展開する上で同志となり、展開しやすくなるという観点からも、できるだけ複数で学ぶことが効果的です。

③内省する習慣をつける

アメリカのミシガン大学の研究で、日本の自動車会社がアメリカに進出し、GM、フォード、クライスラーのビッグスリーの経営が厳しくなった後も、継続的安定的に業績をあげた企業を調べてみると、業績ではなく志を大切にしていたという結果が出ています。

一方、高い志があっても、業績が厳しくなるなど困難が生じると忘れがちになります。その際、ロバート・クインは著書『Ｌｉｆｔ』の中で、次の4つの質問を繰り返すことで、志を高く保てると言っています。

質問1　私はどのような現実を生み出したいのか？

　⇓高い志を求める人になる　Becoming Purpose-Centered

質問2　もし人に期待する価値観で生活したら、私の日常はどのようであろうか？

　⇓心の声に誠実な人になる　Becoming Internally Directed

質問3　他の人々は、この状況をどのように感じるだろうか？

　⇓利他を優先する人になる　Becoming Other-Focused

質問4　志を遂げる方法を学ぶ試みで、3つ以上のどのような方法があるのか？

④人間力診断を活用する

徳を積め、志を高くしろと言われても、そもそも徳とは何か、志とは何か、さらに人間力とは何かは、漠然としていてわかりにくいと思います。

そこで私は、人間力とは何かについて、専門の書籍・雑誌を読んだり、人間力を語っている人の話を聞きに行ったり、自分が会った多くの経営者や社員の方の特徴を思い出すなどして可視化してみました（次頁図参照）。

縦軸は、下から土台、骨格、外壁と設定しました。人間も建物と同じで、土台がしっかりしていないと、ぐらついてしまいます。横軸は、自己と他者との関わりについて設定しています。ここでは詳しくは説明しませんが、フレームと項目を見れば、理解いただけると思います。

当初、自己診断で傾向が出るようにしようとしましたが、膨大なサンプル数がなければ妥当性がない現状から、現在は1点～10点の尺度で、自分と他者に付けていただき、傾向や多面評価的に差を見るという使い方をしています。内省をするにしても切り口があったほうが考えやすいからです。

人間力の２つの側面と６つの力

	自			他		
外壁	智	知識力	基礎学力／読み書き計算 IT リテラシー 一般教養／幅広い知識	結	表現力	伝える力／発信する力 （話す力／書く力／プレゼンテーション力）
		思考力	課題発見力 情報選択・活用力 分析力 論理性 判断力 学習力		連携力	人と繋がる力 人と人を繋げる力 場や雰囲気を作る力 チームを盛り上げる力 協力関係を構築する力
		創造力	想像力／発想力 豊かな感性 創意工夫 アイディア創出力		受容力	傾聴力 異文化理解力 異なる考え方も受容できる力／度量 柔軟性 共感力
骨格	志	忍耐力	あきらめない心 持続力／継続力 精神力／粘り強さ 自律心 自制心 ストレス耐性	情	感謝の心	他者への感謝の心 謙虚さ 生かされていることへ感謝する力 畏敬の念
		行動力	自ら進んで動く力 主体性／自律性 実行力 率先垂範 フットワーク 働きかける力		思いやりの心	他者尊重 相手の立場に立つ力
		挑戦力	やる気／意欲／向上心 好奇心 積極性		愛情	愛情／人情／友情
土台	健	心の健康	感情コントロール 自己認識力 内省する力	倫	組織貢献	愛社精神／会社への誇り よき組織文化の醸成
		体の健康	体力 抵抗力 自然治癒力 体調管理力 生活習慣		倫理観	公共心／公徳心／貢献心／正義感／責任感／倫理観／公平／公正

※イマージョン作成（不許複製）

⑤ボランティア活動を行う

名古屋の名物みそかつ人気店で「矢場とん」という行列が絶えない店があります。もともと矢場町駅近くでスタートした店ですが、今では、他県にも出店するなど、右肩上がりの成長をしています。

そんな矢場とんですが、実は社員一丸となってカンボジアに小学校を建設するプロジェクトを行っています。

代表の鈴木純子さんが2002年にアンコールワットを訪れたとき、物乞いをする子供たちに衝撃を受けたのがきっかけです。その後、500万円で学校が建つことを知り、学校をつくって社員にも積極的に参加してもらい、弱者にやさしい人になってほしいという願いを込めて、この活動を始めました。

社員が参加することで、「人のために自分ができることは何か」ということを自主的に考えるようになりました。さらに、「学校をつくる」という具体的な目標を設定したことで、一緒に取り組む素晴らしさを感じ、仕事にもプラスになったと思います。社員間の気持ちが連携することで、とくに接客などでは臨機応変のサービスを提供できるようになったのです。

⑥インプットからインプット＋アウトプット教育へ

徳と志と知の教育に限りませんが、人財育成には、次のような考え方が重要です。

百聞は一見にしかず
⇓いくら人から聞いても、自分で見なければ本当のことはわからない。
百見は一考にしかず
⇓いくらたくさん見ても、自分なりに咀嚼して考えなければ身につかない。
百考は一行にしかず
⇓どんなに考えても、行動を起こさなければ本当のことはわからない。
百行は一果にしかず
⇓どんなに行動しても、成果を残すまでやらないと成長しない。

もともとは漢詩の故事からなっており、故事には「百聞は一見にしかず」以降の文章については記載されていません。後世に追記または伝聞されたものなのでしょう。「聞くよりも見ること、見るよりも考えること、考えるよりも行動すること、行動を継続して成果を出すことが大切」という教えは意味深いことです。

聞いたことを話す人は物知りですが、それだけではうんちく止まりになります。

見たことを話す人は、自分の言葉で語ることができません。

考えたことを話す人は、自分の言葉で話せても裏打ちがありません。

行動したことを話す人は、経験談としては面白いですが相手を動かすところまでには至りません。

成果を残した人は、語らずともまわりが認め、影響力を持つことになります。

教育の観点から整理すると、次のようになります。

百聞＝講義を聞いたり本を読んだりといった教育です（インプット教育）
百見＝現場を見に行く、優良企業の視察をするといった教育です（インプット教育）
百考＝自分ならどうしたらいいかを徹底的に考える教育です（アウトプット教育）
百行＝アクションを起こして試行錯誤する教育です（アウトプット教育〜経験学習）

以上のような過程を通して、「徳・志・知」を兼ね備えた人財育成を図っていきます。

方法7 経営方針書を作成する

経営方針書のメリット

企業が大切にする価値観や行動指針を組織全体で共有する方法としては、「クレド」が有名です。クレドとは「信条」を意味するラテン語で、「企業の信条や行動指針を記したもの」です。一定の規模以上になった企業で、大切にしている価値観をシンプルにまとめて、社員全体に共有化する効果を目的としたものです。

そのクレドをカードにして社員が携帯できるようにしたものが「クレドカード」です。もともとは米国企業の間で効果が話題となり、ザ・リッツ・カールトン・ホテルやジョンソン・エンド・ジョンソンの社員が携帯するクレドカードが代表的です。日本でも、両社のクレドカードを参考に作成している会社を時々見かけます。

日本では社長専門のコンサルタントだった故一倉定氏が、「社長の仕事は経営計画書の作成がすべて」と言い、主に中小企業に普及した経営計画書があります。実際、一倉定氏の勉強会に出て経営計画書を作成し、大きく成長して上場した企業もあります。

たこ満の平松社長も、一倉定氏の教えのもとで経営計画書を策定しています。経営計画書は会社の数字、方針、スケジュールをまとめたルールブックです。クレドと同じで、ある一定規模になった企業で、人・モノ・金などに関する悩みを解決するヒントが詰まっていると言われています。

一倉定氏が始めた経営計画書は、㈱武蔵野の小山昇代表、古田土会計の古田土満所長、さらに、多くの会計士が経営指導方法として活用しています。

クレドと経営計画書を比べると、企業の風土にもよりますが、経営計画書のほうが具体的であるために、多くの会社で活用されやすいと感じます。

例えば、社内の会議中に、お客様から電話が入ったとします。「会議中です」と応える会社もありますが、私はよほどのことがない限り、会議中でもつなぐべきだと考え、社内ではそうしています。どちらが正解とまでは言いきれませんが、社員によって対応が異なるのはよくありません。経営計画書では、個別方針が詳しく記述されるので、そういうときの対応とその理由が書かれています。私は、経営計画書というと、経営数字が中心のイメージがあるため「経営方針書」と表現していますが、どちらでも構いません。

いずれにしても、経営方針書（経営計画書）は企業の憲法です。経営方針書が必要な理由は、憲法がないと様々な判断が横行し、一貫したマネジメントにならないからです。

例えば、一国の首相に対しても、「憲法〇条に違反しているのではないか」と意見を言うことができます。これは、非常に重要なことです。なかなか国のトップに、「あなたの意見は違います」とは言いにくいと思いますが、憲法を引き合いに出せば言いやすくなります。会社でも、「社長、それは経営理念に合っていないのではないですか。経営方針書と違うのではないですか」と言うことはできます。

経営理念がアクセサリーで終わる理由は、「理念共有化策の工夫が足りない」「経営理念と経営者・管理者の行動との不一致」「評価制度との不一致」などです。このことは、多くのインタビュー調査や企業視察を重ねてきて確信を持ちました。

そして経営理念が共有化されないもう一つの理由は、チャンクダウンされていないからです。チャンクとは、まとまった「かたまり」を意味する言葉で、チャンクダウンは、問題を複数のかたまりに分割するという意味です。西洋近代哲学の基礎を築いたデカルトの『方法序説』の第二規則「問題を上手に解くために必要な小部分に分割すること」にも相当する言葉です。

経営理念のチャンクダウンがされていないために、抽象的なスローガンや飾りになってしまうのです。多くの企業は、抽象的な経営理念と行動指針と経営数字があるだけです。

経営数字の目標は、全社目標から部門目標へ、さらに個人目標を設定しているところは個人目標へ落とし込まれますが、経営理念のチャンクダウンをしているところは、あまりありません。

経営方針書を策定しているのは、前述した経緯により中小企業が中心ですが、大きな企業になるほど価値観のマネジメントが重要になることを考えれば、大企業ほど経営方針書を作成すべきです。

経済産業大臣賞を受賞したサトーホールディングスでは、「サトーのこころ」という経営に関する方針やその背景にある考え方が事細かに書かれていて、社員全員に配られ、活用されています。

経営方針書には、下記のようなメリットがあります。
①組織運営がダブルスタンダードにならず、社員は理念に基づいて判断できる
社長をはじめ役員でも、多少違うことを言うことがあってもしかたないことです。しかし、組織運営のダブルスタンダード、トリプルスタンダードになる危険性もあります。個別方針をきめ細かく決めていれば、こうしたことを防げます。
②上位者に聞かなくても素早く判断や行動ができる
日々、仕事をしていると、判断業務が発生します。自分で判断できない場合は上位者に確認するのが通常です。しかし、経営方針書の個別方針が細かく設定されていれば、迷うことなく素早く判断し行動ができます。

③効果的・効率的な組織運営ができる

上位者に確認しなくていいので、お客様対応、社内マネジメントなどあらゆる場面で迅速な対応ができるため、経営理念を反映した効果的・効率的組織運営ができます。

④企業の信用が増しイメージアップする

きめ細かく設定された個別方針を、金融機関をはじめ利害関係者と共有することで、信用が高まります。取引先と共有化すれば、何を大切にしている企業であるかがわかり、イメージアップにつながります。

⑤時代を超えて一貫性のある経営活動が継続される

経営者が代わるたびに方針が大幅に変わる企業があります。それで組織に混乱が生じることもあります。経営者が代わり方針が変わることは悪いことではありません。しかし、戦略・戦術の見直しはあっても、経営理念やそれに基づく方針がコロコロ変わることは組織に混乱をもたらします。経営方針を設定することで、変わらないこと、変えてはならないこと、変えなくてはならないことが明確になり、一貫性のある経営活動が継続されます。

経営理念のチャンクダウンや経営方針の明文化については、以上のようなメリットがありますが、ほかにも次のようなメリットがあります。

・会社の人・モノ・金を計画的に活用できる。

・経営方針書をつくる過程で、今まで気づかなかった多くの課題・問題に気づく。
・目標・方針・行動指針などが明確に示されているため、社員教育の教科書になる。
・メインバンクの支店長に提示することで金融機関の信用も高まる。
・事業目的達成のために必要な売上高がわかる。
・利益を上げるための事業構造が見える。
・資金繰りの見通しがつき、経営の判断が明確になる。

一倉定氏は、「経営計画書は魔法のツール」と言いましたが、一冊の経営方針書に会社の大切なことがすべて書かれていることを考えれば、あながち大げさではなく、むしろ有効なツールであると思います。

経営方針書のつくり方

企業の規模にもよりますが、小規模であれば、社長が中心になって叩き台をつくるところから始めるのが現実的です。中規模の会社では、社長を中心とした経営幹部、ある程度規模が大きい会社では、プロジェクトチームで検討することになります。

しかし、小規模であっても経営方針書を作成するプロセスは、トップがすべて作成するのではなく、トップが戦略を練り、幹部が戦術を明確にし、社員が実践することを考えると、全員参加が基本になります。経営方針書の作成段階が実践的な教育にもなり、経営への参画、役割の認識、責任意識の高揚にもつながります。

経営方針書作成の標準ステップを示しておきましょう。

［ステップ1］経営方針書の目次を作成する

まず経営方針書に何を載せるのかを検討します。経営理念や経営の基本方針、ビジョン、経営戦略、5カ年くらいの経営数字計画は必須です。とくにお客様に対する方針、社員に対する方針、自動車での移動が多い会社では自動車運転に関する方針など、かなり具体的に書かれます。

他社のものを例示できないので、私がお手伝いしている三和建設㈱のコーポレートスタンダードの目次を、参考までに掲載します。作成のポイントは、次の2つです。

・他社の経営方針書を参考にする

経営方針書を一から作成するのは大変です。最終的には自社にあったものにする必要がありますが、他社の経営方針書を参考にすることで、イメージがつきやすくなり、かつ比較的スピーディーに作成できます。

・個別方針はあまり欲張らない

経営方針を1冊にまとめた手帳（目次）

経営理念		……… 2
ミッション		……… 4
ビジョン		……… 6
理念実現・ビジョン達成のための基本戦略		……… 7
行動指針		……… 8
凡事徹底		……… 10
リソース　〜経営資源・強み〜		……… 16
中期業績計画表		……… 22
事業領域	に関する方針	……… 28
ファクタス・ブランディング	に関する方針	……… 32
エスアイ・ブランディング	に関する方針	……… 34
提案品質	に関する方針	……… 36
営業	に関する方針	……… 38
設計	に関する方針	……… 40
工務	に関する方針	……… 42
工事	に関する方針	……… 44
アシスト	に関する方針	……… 48
財務・決算	に関する方針	……… 50
利益配分	に関する方針	……… 53
営業プロセス	に関する方針	……… 54
人事・採用・評価	に関する方針	……… 57
人財育成	に関する方針	……… 58
福利厚生	に関する方針	……… 60
社員の健康	に関する方針	……… 62
決裁基準	に関する方針	……… 64
協力会社	に関する方針	……… 66
ハートコール（クレーム）	に関する方針	……… 68
社会的責任	に関する方針	……… 70
全社年度重点目標		……… 74
部門重点目標		……… 75
個人目標【前期】		……… 76
個人目標【後期】		……… 78
社内表彰		……… 80
年間行事予定表		……… 82
BCP マニュアル　〜災害時対応〜		……… 84
沿革		……… 88
会社概要		……… 90
技能資格者一覧表		……… 92

（三和建設提供）

個別方針が数多く書かれている他社の経営方針書を見ていると、初めて経営方針書を作成するときに、つい欲張って数多くの方針書をつくりたくなりますが、最初は5〜7くらいに留めておくべきです。

経営方針書は活用することが目的です。社員の立場からすれば、一度に多くの個別方針が提示されると消化不良になってしまいます。むしろ、毎年全体をブラッシュアップし、必要に応じて徐々に追加していくのが効果的です。

［ステップ2］経営理念・基本方針を検討する

経営理念、経営方針、経営戦略、個別方

針を検討します。経営方針書の中には、単に方針だけで経営戦略や事業領域が記述されていないものも見受けられますが、経営の方向性を示すものですから、経営戦略や事業領域などは必ず入れるべきです。

経営方針書は、企業が計画的に経営を推進し、目標とする成果を収めるためのものです。単なる理想的数字の羅列ではなく、その目標を達成するための戦略・戦術が具体的に明示されている必要があります。

さらに、経営方針の徹底状況や計画の進捗状況をチェック、コントロールすることで、場当たり主義から脱却し、計画的な経営、羅針盤を持った経営になります。

［ステップ3］経営方針書を手帳や冊子にまとめる

検討してきた経営方針書は、最終的には社員が理解しやすい文章表現や構成にブラッシュアップします。小山昇さんは携帯しやすいようにポケットサイズの手帳にすることを、古田土所長は大きな冊子にしてボロボロになるまで書き込み使い倒すことを勧めています。どちらも一長一短があるので、自社の状況に応じて選択すればいいでしょう。ちなみに三和建設では、さらにコンパクトにしていつでも持ち歩けるようにしています。

［ステップ4］経営方針発表会の開催

経営方針書を作成したら、発表会を行いたいものです。経営方針発表会を行う主な意義は次の3点です。

・社員への方針の周知と実行のキックオフ
・利害関係者への方針の周知と協力要請
・社員の士気を高める

経営方針発表会の基本的なねらいは、策定した経営方針を全社に周知し、実行に向けてマインドセット（決意）し、社長以下全員で心新たにすることです。発表会の演出はすべてこのねらいをさらに効果的にするために工夫されます。

また、経営計画の実現のためには、外部の重要な利害関係者の協力がなければできません。仕事上の協力会社や銀行、顧問会計士、顧問弁護士など社外の方も招くことにより信用が高まり、各立場からの協力が得やすくなります。

発表会の準備は、それなりの労力がかかりますが、準備の過程で社員の気持ちを一つにしていく効果があります。さらに、関係者を招くことを意識することで、普段とはちがう晴れの舞台で、全員で協力して準備をしていくこと自体にも大きな意義があります。

方法8　組織の実態を定期的に確認する

組織の実態を確認する

組織の実態を確認するために、社員の意識調査は、定期的に行うことにより、会社に対する様々な観点からの満足や不満、モチベーションなどが、どのように変化していくかを把握することができ、「いい会社」づくりの参考になります。

社員の意識調査には、様々な切り口があります。調査の活用目的をしっかりと踏まえた上で、意識調査の種類を決める必要があります。弊社がお客様に提供しているのは主に次の2つです。

①組織診断・職場診断

組織の現状と解決の方向性を総合的に診断する切り口です。組織は複雑多岐にわたる要素から成り立っており、決算書だけでは経営状況、組織運営状況の的確な診断を行うことは不可能です。

とりわけ、組織は人と人との結合体であることから、それぞれ要素が機能し、相互に連携しながら、組織としてどのように健全に運営され、望ましい成果を生み出しているか、

組織と職場チームの診断モデル

組織診断モデル

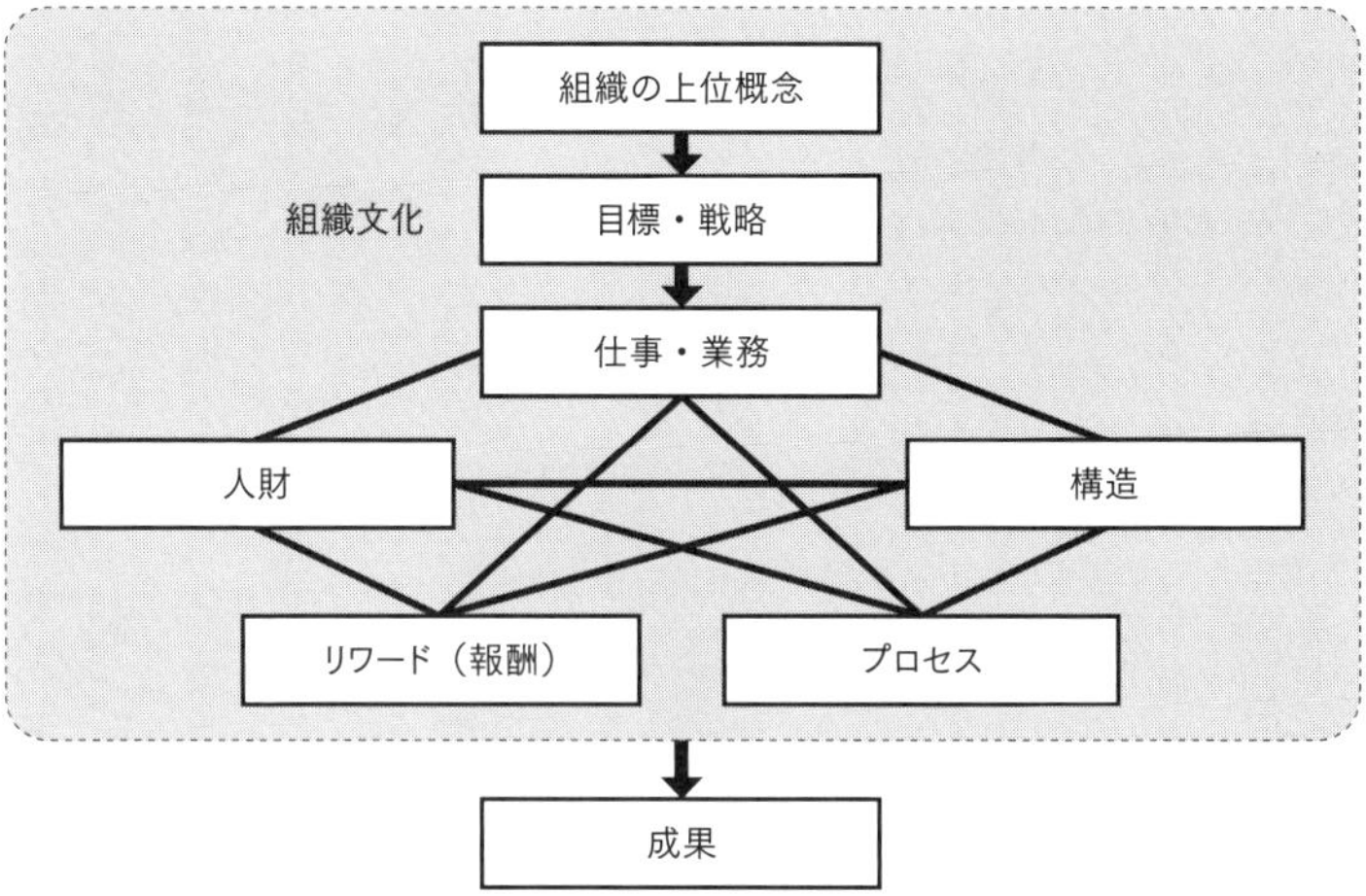

職場チーム診断モデル

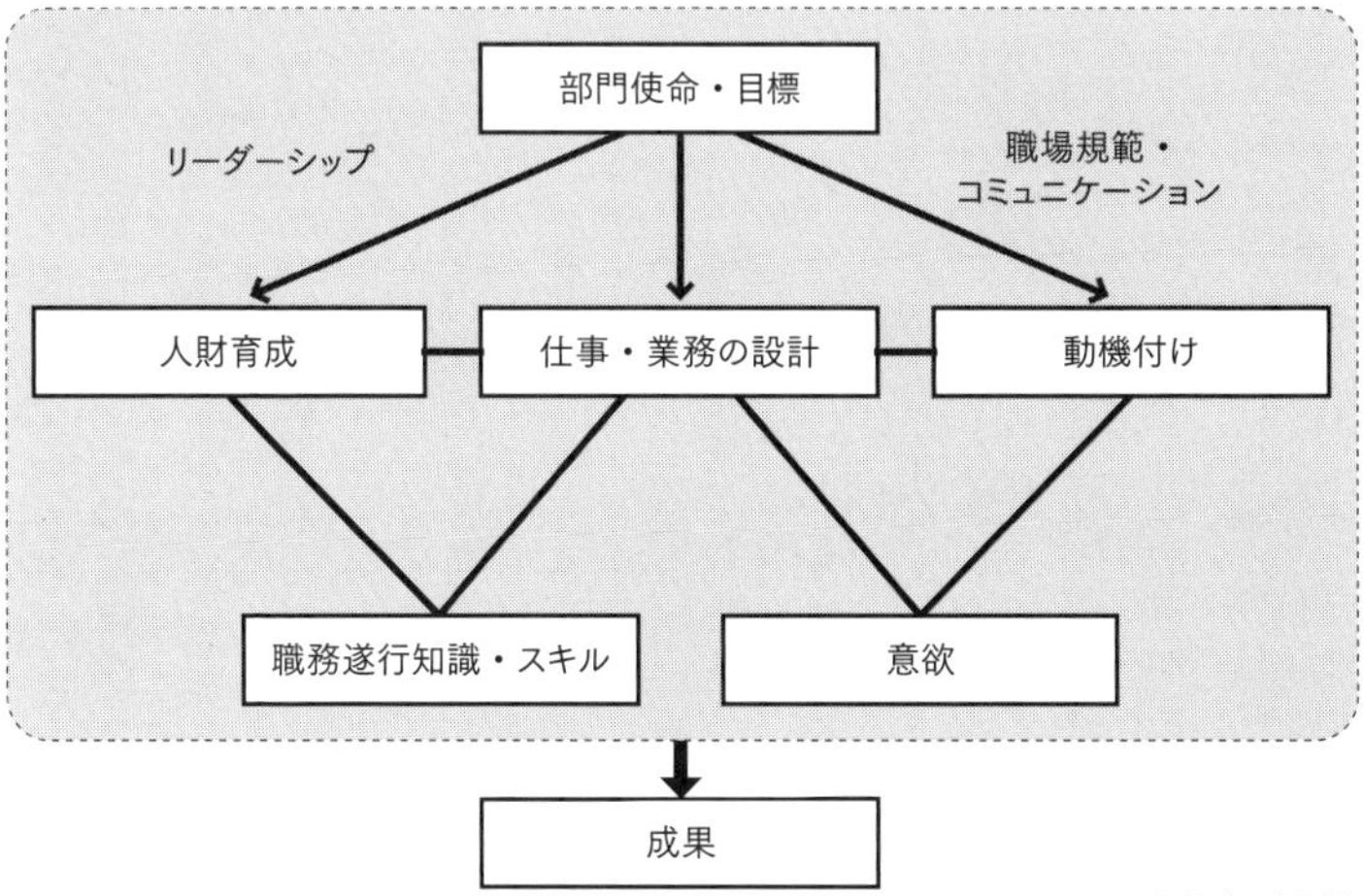

※イメージョン作成（不許複製）

現状を多面的に診断する必要があります。

組織診断では、組織全体を俯瞰して、社員がどこに自社の強みや問題を認識しているのかという全体像を把握することができます。組織構造面、報酬面などは、比較的否定的に出やすいのですが、こうした課題については、経営トップを含め、全社的に取り組む問題です。そこでプロジェクトチームを編成して計画的に変革していくことになります。

職場診断は、主に管理者が改善できる範囲の項目になっています。各ユニットにフィードバックして、管理者が職場メンバーを巻き込んでユニットごとに改善していきます。

②社員幸福度（満足度）調査

社員が会社に満足を感じているかどうかを知るには、社員満足度調査を実施します。社員といつもコミュニケーションを取っているから大丈夫だと思っていても、会社や上位者に対する不満は率直に言えるものではありません。しかし、会社としてオフィシャルに、無記名で社員満足度を実施する機会を設ければ、社員の気持ちを把握できます。

弊社では、社員満足度調査を行ってきましたが、ブータンがGNH（国民総幸福量）という考え方を提唱したり、坂本教授と坂本ゼミ研究室で、47都道府県の幸福度ランキングを発表したことにヒントを得て、社員満足度ではなく社員幸福度ではないかと考え、社員幸福度調査表をつくりました。

縦軸に幸福度、横軸に満足度を取り、4区分に分類すると、「幸福度も満足度も高い人」「幸福度は高いが満足度は低い人」「幸福度は低いが満足度は高い人」「幸福度と満足度の両方とも低い人」に分類されます。

例えば、幸福度が高いが満足度が低い人の理由として、「自分は小さい頃から機械いじりが好きでエンジニアになったから、幸せだと思う。でも会社には満足していない。できれば、同業で同じような仕事ができるのであれば転職したい」という場合です。

逆に、満足度が高いが、幸福度が低い人の理由としては、「会社は、自分によくしてくれるし、社長も好きだ。でも、自分の好きな仕事はできていない。また、家族がうまくいっていない」といったケースです。

社員意識調査の留意点

①調査方法別の特徴と限界を理解する

組織・職場診断、社員幸福度（満足度）診断ともに、調査方法別の特徴と限界をしっかり理解することが大切です。調査方法には次の4つがあります。

・アンケート調査　　長所：一度に多くの社員に実施でき、会社全体の傾向がわかる。
短所：アンケート項目に書かれたこと以外に答えられない。調査設計の善し悪しに左右される。

・インタビュー調査　長所：アンケート項目以外に感じていること、アンケート結果の背景にあることまで、深く把握することができる。

短所：数多く調査できない。対象者に強く印象づけられている事柄の説明は強調されすぎることがある。

・観察調査　長所：働く人の様子や掲示物などから、社風を肌で感じられる。

短所：その状況の背景や原因は推測に留まる。観察者の経験やメンタルモデル（モノの見方・考え方）で差が出る。

・ドキュメント調査　長所：財務諸表、出勤表などを分析することで、会社の課題や一定期間の傾向を把握することができる。

短所：そのドキュメント結果の背景や原因は推測に留まる。調査担当の専門性や経験に差が出る。

組織の実態を正確に把握するためには、この4調査が必要です。予算や期間で制約がある場合は、各調査方法の限界を理解した上で対策を練る必要があります。

②意識調査は事実とは限らない

社員の意識調査を行う上で重要なことは、あくまでも社員の認知であって、事実であるかどうかはわからないということです。

例えば、以前ある大手企業で組織診断を実施した際、自由記入欄に「給料が安い」と出ていました。しかし、実際は業界ではトップレベルの給料水準です。これは、客観的には給料が安いという認識は間違っていることになりますが、本人はそう思っているという事実があります。

そして、事実かどうかは別として、認知により次のアクションを起こすことを考えると、社員がどう認識しているかを把握することは無駄ではありません。社員の認識が間違っているのであれば、わかってもらう努力が必要になります。

③意識調査を目的としない

NO ACTION WITHOUT RESEARCH. NO RESEARCH WITHOUT ACTION（調査を行わないアクションはあり得ない。アクションを伴わない調査は無意味である）という言葉があります。調査そのものが目的になってはいけないし、調査もしないでやみくもにアクションを起こすことは危険であるということです。

そのために、意識調査を行うにしても、何のための調査なのかをしっかりと考えた上で、必ず、次のアクションを想定する必要があります。とくに社員には調査結果を必ずフィードバックすることです。社員は、自分たちが回答した結果に少なからず関心を持っているので、公表することが前提になります。

さらに、会社としてなんらかのアクションがなければ、何のための調査かわからなくなり、次回以降、社員の協力が得られなくなります。

④犯人探しをしない

意識調査をすれば、ポジティブな意見もネガティブな意見も出ます。とくにインタビュー調査では、かなり辛辣な意見が出ることもあります。経営者の立場からすれば、誰の発言か気になりますが、発言者を特定してはいけません。犯人探しを一度でもすれば、二度と正確な調査はできなくなります。

中小企業庁長官賞受賞の西精工は、社員満足度日本一、日本経営品質賞などを受賞している優良企業です。西精工は、経営理念の共有化のところで少し触れましたが、アンケート調査を定期的に活用して、変革を進めてきました。

60問を超える社員満足度アンケート調査を毎年、継続的に実施して、今では「総合的に考えると当社の社員として満足している」という設問で、「非常にそう思う」「そう思う」を足した数字98%までになっています。

その中には、一般的な質問項目だけでなく、西社長が理想とする会社を象徴する内容も含まれています。その設問は、「毎週月曜日、出社するのが楽しい」です。この設問についても、「非常にそう思う」「そう思う」を足した数字が70％を超すまでになりました。

私も西精工に早朝訪れて、ラジオ体操から朝礼、工場を見学しましたが、西社長が1998年の入社当時に感じた暗い職場という言葉が嘘のように、笑いが溢れる光景でした。西社長は、西精工フィロソフィーの設定と、社員意識調査に基づく改革の繰り返しにより、組織変革を果たしたのです。

⑤顧客満足度調査・取引先満足度調査を実施する

本書では、紙面の都合で社員の意識調査を中心に解説しました。もちろん顧客満足度調査、取引先満足度調査を実施することは重要です。

マックスバリュー東海は、1997年に1600億円を超える負債を抱えて倒産したヤオハンが前身です。静岡県を中心に多くの家庭の食を支えています。ヤオハン倒産の理由は中国での失敗ですが、会社更正法適用の真っ最中に、お客様が存続を希望し1週間で9万人の署名が集まって存続しました。

評価が高かったことの証明ですが、マックスバリュー東海は、関係者の幸せを追求する精神を引き継ぎ、毎年「社員」「お客様」「取引先」の3者から自社への満足度調査を行っています。取引先の満足度を行っていることで、同社の関係者に対する姿勢がわかります。「いい会社」づくりを本格的に考えるなら、取引先満足度調査も実施すべきです。

方法9　経営リーダーシップを発揮する

リーダーシップは背中と心で示す

「社会は継続と変化の双方が実現して発展する。したがって、継続と変化をいかに乗り越えるかがポイントである。そのため、組織は変化のためのメカニズムを内部化し、変化を創造し続けなければならない。それは、日々の改善であり、既存の製品・サービスの進化であり、また、価値の創造としてのイノベーションである。つまり、組織は変化し続ける必要があるということである」

これはドラッカーの言葉です。組織は、「継続のための活動」と「組織変革のための活動」を同時に行う必要があります。電車を定刻に走らせながら、駅舎の利便性を高めるための工事を同時進行させる「駅の改装工事」に似ています。

次頁の図のように、組織にはライフサイクルがあり、起業期、成長期、成熟期、再展開期といった段階を歩みます。各段階で経営者に求められるリーダーシップは異なります。

起業期には、新しい価値を生み出し先頭に立って皆を引っ張っていく牽引型の人が必要です。成長期には仕組みを整えることができる人、成熟期には触媒型か支援型の人、再展

事業のライフサイクルと経営者に求められる能力

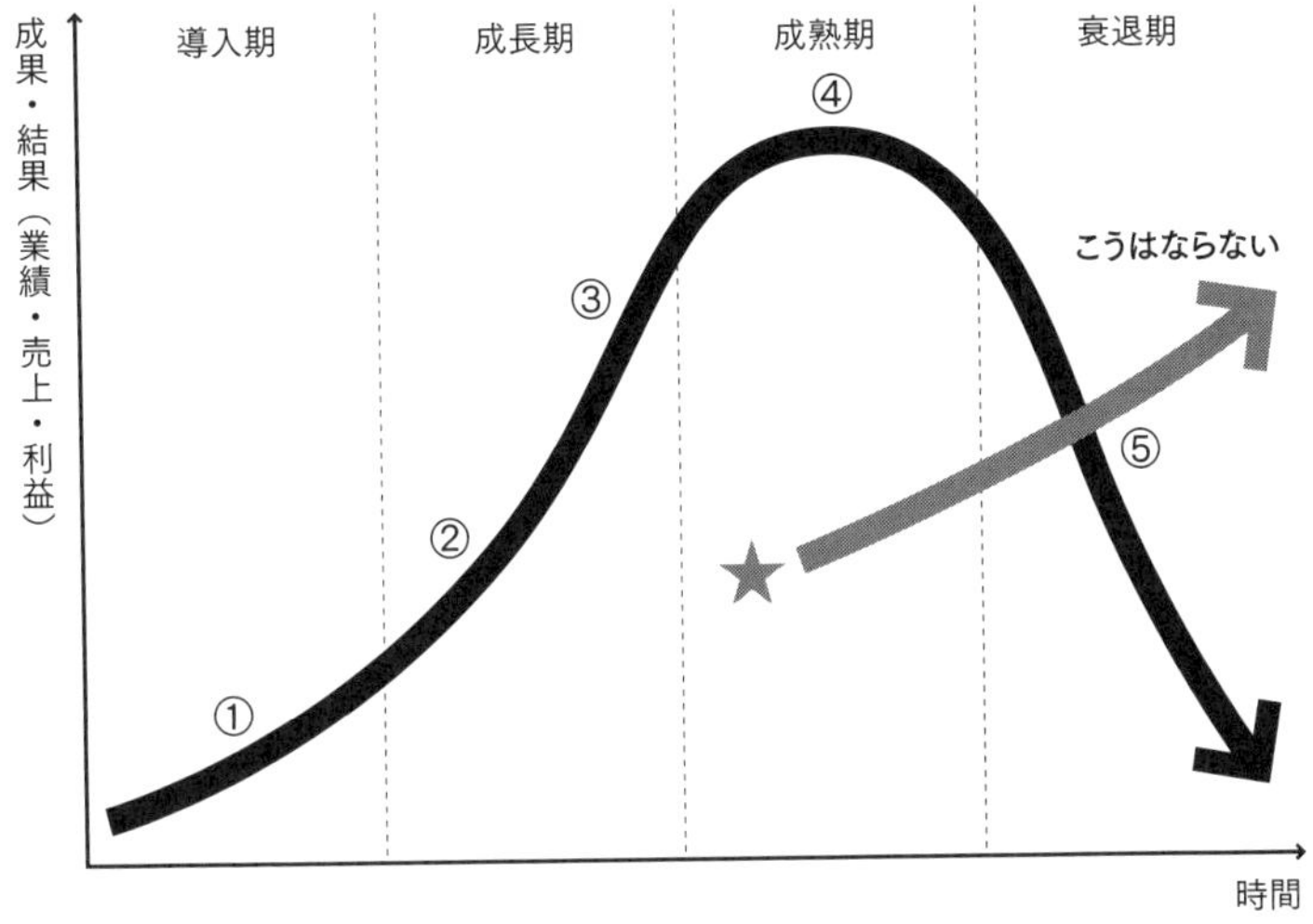

※イマージョン作成（不許複製）

◉成長グラフのなかで在籍未経験者が最も多いのは①と⑤。

◉従来はビジネスパーソンの多くは③だけを経験して職業人生を終了していた。

◉社員から経営者を登用する従来の方法では、③あるいは②での成功者を⑤で活用してきた。

↓

◉事業のライフサイクルが短くなりつつある経営環境では、⑤で能力を発揮できる人財すなわち事業のビジネスモデルを再構築できる経営者が必要。

◉①を行った創業者が健在であれば⑤を再度行うこともできるが、今の日本の経営者は創業者ではなく内部昇格者が多い。

開期には変革のリーダーシップと導入期と同様の牽引型の人が求められます。

現在、日本の企業の多くが再展開期を迎えています。「いい会社」は、再展開期、逆風の中でも黒字経営を続け、新しい価値を創造し続けています。

まず変革のリーダーシップ、すなわち牽引型のリーダーシップの例を紹介します。

島根電工㈱は、今では島根県で納税額が5本の指に入るほどの優良企業ですが、経営が厳しい時期もありました。建設会社の公共投資が半分に激減し、民間の建て替え需要も大幅に減少したからです。その中で、島根電工は大型ビルの電気工事の請負から、家の困りごと解決の家庭の修繕に大幅にシフトして売上を伸ばしてきました。

公共事業を中心に数千万円から数億円の電気工事をやっていた会社が、7割以上が5万円以下の家の修繕を行うのですから、相当の変革が必要です。

当時、常務だった荒木恭司社長の案に社内は大反対でした。とくに数千万円の売上単価が5万円以下になるので、「何件やれば、同じ売上になるんだ！」と、ほぼ全員から反対されました。5万円より数千万円を取ってきた人間が偉いという空気は理解できます。とくに長年、建設業で腕を振るってきた職人の「いまさら街の電気屋のようなことができるか！」という気持ちもよくわかります。

そこで、口でいくら言っても難しいと感じた荒木社長は、まずは小規模の家の修繕を行う部隊を立ち上げ、「お助け隊」と名付けてスタートさせました。高齢者宅の電球一個を替えるといった家の中の些細な困りごとに喜んで駆けつけて解決する部隊です。

社員が出演する「お助け隊」のCMを島根のローカルTVで流すなど、あの手この手で改革を進めます。こうした努力があって、お助け隊は5年間で売上比率が約半分になるまで大改革しました。「お助け隊」の仕事は、公共工事と比べて粗利が高いこともあり、チリも積もればで、大きく利益貢献するようになりました。

もう一つ、業務のイノベーションを起こしています。職人の行動を観察すると、工事に行った人間は、お客様から見積もりの話や依頼以外の修繕の話ももらいますが、その場で答えることができません。営業から連絡させますという対応で、二度手間、三度手間になっていました。

そこで、その場で見積もりができるソフトを開発し、ハンディー端末を職人に持たせました。そのヒントになったのは、自販機のオペレーション担当者が現場で何かあると、ハンディー端末で確認し、すぐに対応している姿を街で見かけたことです。

今まで工事部隊と営業部の役割が別だったのを、同時にその場でできるようにし、しかも見積対応もできるようにしました。荒木社長は「行動のコストダウン」といい、原材料その他のコストダウンは限界にきているので、行動を見直すことが大切だといいます。

この例は、再展開期に変革・牽引型のリーダーシップを発揮した好事例です。

同じく島根県松江の㈱さんびるは、1500人（300人の希望者だけがパートであとは正社員）のビル清掃会社です。山陰だけでなく中国地方全般から福岡・大阪・東京・仙台と広域にわたります。拡販営業をしたわけではなく、お客様のクチコミによる展開です。お客様満足が高いので、紹介だけでお客様が広がっているのです。

同社の田中正彦社長が実践していることは、以下の通りです。

・年に2回の1泊2日の研修会、6カ所、全日出席して夜中まで語り合う。
・毎日、社員へメッセージを配信する（10年間以上継続）。
・社員の誕生日には手書きでのメッセージを全員に送る。
・社員満足度調査で上がる会社への要望数百通すべてに対応する。
・朝7時30分に出社する（朝一番に来る理由は、社員一人ひとりと必ず挨拶できるから。遅く出社すると現場に出かけて行ってしまう人がいるから）。
・毎朝、社員と一緒に床拭きなどの清掃をする。
・売上目標、利益目標でなく、徹底的にプロセス目標でマネジメントする。
・お客様からお土産などをもらったら、必ず上司が電話を入れたり、直接お礼に行く。

島根電工の変革リーダーシップ、さんびるのモチベーションを高めるリーダーシップ、いずれにも共通しているのは、背中と心でリーダーシップを発揮し、会社の活動の質を高めていることです。「いい会社」の経営トップに会うと、この人だから「いい会社」がつくれるのだと感じます。

背中と心のリーダーシップを身につける

徳が高い、志が高い人や会社に会う、良書を読むなど、感動に触れることです。私がこれまでに会った多くの経営者の話や実践していることを、一部ですが紹介しましょう。

［協和］若松専務
少子高齢化で流通から高額のランドセルの要請があるなか、子供の間で貧富の差を感じさせることはよくないとして、絶対につくらない。

［ふくや］川原社長
朝早く出社し、夜に会合があっても社員が残っていれば必ず本社に立ち寄る。

［島根電工］荒木社長
出張先からも毎日連絡を入れて、５００人以上の社員が病気で休んでいないか確認し、必要に応じて休んでいる社員に出先からでも直接電話を入れる。

［たこ満］平松社長

25年以上にわたって毎日、社員約400人の日報に目を通し、デイリーニュースを作成して全店に送る。店舗も製造現場でも社員が立って仕事をしているので、自分も椅子を置かずパソコンも立って打つ。

［西精工］西社長

たとえ夜中に帰宅しても、大切にすべき考え方を書き、毎日、社員にメールでメッセージを送る。社員を呼び出すのではなく、自分から工場など現場に出向き定期的に話す。

［日本レーザー］近藤社長

社員を呼び出すのではなく、自ら社員の机に出向き話す。いつも笑顔で、感謝し、成長して、他のせいにせず、起こったことをすべて受け入れて対応する。商社のため急激な円安になったときも、いい時ばかりでは経営者はいらないと前向きに対処し、黒字を継続させる。

［天彦産業］樋口社長

リーマンショックで売上が急激に落ち込んだ後でも、社員に止められてもボーナスを支給する。男社会の鉄鋼商社で、先頭に立って女性の活躍を宣言して推進している。

［日本理化学工業］大山会長、大山社長

人が道具に合わせるのではなく、道具を人が使えるように合わせるという発想をすれば難しいこともできるといって工夫する。「教えてもできないのは、教え方が悪い！」を前提に、障がい者雇用を推進している。

ほかにも、リーマンショック後、自分の給料を10分の1や、わずか1円にして立て直したトップもいました。

こうした人たちの話を聞くと、リーダーシップ論は様々ありますが、とくに経営者は、背中と心でリーダーシップを果たすことが、いかに重要かを肌で感じます。そして、自分の至らなさに気づき、多少なりとも実践しなければといった気持ちになります。

自分を理解する努力をする

経営者は、自分を客観的に理解する努力をする必要があります。なぜなら、経営者に対してまわりは本音を言わないからです。そして、経営者の自己認知と他者の経営者に対する認知がずれてくると、リーダーシップを発揮できなくなります。なぜなら、リーダーシップとは他者に影響を与える存在だからです。自己理解の方法をいくつか紹介します。

①内観――自分で振り返る習慣を持つ

哲学者の今道友信東京大学名誉教授から、「現代人の不幸の一つは、夜の闇がなくなったことだ」という話を聞いたことがあります。その要約を紹介します。

「昔は電灯がなかったために、夜暗くなると寝るしかありませんでした。そのため、夜になるとその日のことを振り返ったそうです。今日、狩りに行ったけどうまくいかなかったな、親父に強く言ったけど言い過ぎたかもしれないな、というように内観していました。電灯ができてからは夜でも明るいため、外観――外ばかり見てしまい、内観する習慣がなくなってしまいました。そのため、自分自身を深く考えないのでアイデンティティが確立できない。変化に弱くなりました」

内観の習慣を持つことが経営者に重要なことがわかります。では、どうすればいいか。

2つの方法があります。

・旅に出る――知らない土地で新しい出会いがあると、自分を振り返ることができる。

・日記を書く――その日にあったことを必ず振り返ることができる。

②他者から指摘を受ける機会を意図的につくる

自分の顔についている墨は、鏡でも見ない限り見ることはできません。ですから、自分を理解するには、率直に他者から指摘してもらうことです。誰でも、よい点は受け入れられても、悪い点は受け入れにくいものですが、受容しなければなりません。

心理学者ウィル・シュッツは、「1％の真実があるならば、受容することで成長する」

と言っています。認識違いもあるでしょうが、そのように認識されたという事実があるでしょうし、また1％の真実と言われれば多くの場合、それ以上の真実があるでしょう。認識違いの99％に目を向けるよりも、1％の真実を受け入れて自分の行動を振り返って学習することが大切です。

③尊敬する人を意識し座右の銘を持つ

日本代表の体操選手内村航平さんは、日本の体操界の歴史で最多金メダルを獲得した加藤沢男さんから言われた「世界一になる人は世界一練習をしている」という言葉が原動力になっています。内村選手は、この言葉をいつも思い出して練習に励んでいるから、長年にわたって世界のトップにいられるのでしょう。

リンク＆モチベーションの社員満足度調査で2年連続1位になったチャットワーク㈱の山本敏行代表は、過去に社員の半分が辞めてしまったことを契機に、先輩経営者の本を読みあさり、松下幸之助を尊敬するようになったと言います。

そして1000人の経営者に会いに行きます。うまくいっている会社の経営者は、「社員のために自分の時間を使っている」「社員の愚痴や不満を言わない」「自分の会社、社員のことを楽しそうに話す」という3つの共通項を見出します。それ以来、この3つを心掛けているそうです。

覚悟を決めて修羅場経験を積む

「いい会社」と言われる経営者の話を聞いていると、必ず大変な苦労をしていることがわかります。社員が大量に辞めてしまったり、大口取引がなくなってしまったりといった危機を乗り切っています。その経験から、表面的ではなく深いレベルでわかるのでしょう。「やさしさは、涙の数に比例する」と坂本教授が言うように、彼らは自分が苦労しているから、人にもやさしくなれるのでしょう。また、修羅場を乗り越えているから、メンタル的にも強いのだと思います。

今まで会った経営者の中には、経営者で一番大切なことは「覚悟」だと言う人が多くいます。島根電工の変革のもう一人の立役者、陶山秀樹当時会長の言葉です。

「1人部下を持ったら1人の人生を預かっていると思え。そんな幸せがあるかい？10人持ったら10人の部下と家族の人生を自分が預かっている。男として、そんな幸せなことはないじゃないか」

覚悟を決めると、その責任の大きさに潰れそうになるかもしれませんが、反面、経営者として大きなやりがいのあることなのです。

方法10　5S・凡事の徹底に取り組む

5S・凡事の徹底が大切な理由

松下幸之助が取引先を訪問したとき、販売高や利益額といった数字を見なくとも、その会社の経営がうまくいっているかどうかを瞬時に見抜いたというエピソードがあります。その評価基準はシンプルで、「従業員の挨拶」「整理整頓」「トイレの掃除」です。坂本教授も視察研究で必ずチェックするのはトイレです。

私も、掃除が行き届いている会社で、おかしな会社は見たことがありません。一事が万事で、しっかりと身の回りを整えている会社は、マネジメントでもしっかりしているので、業績もいいのです。

整理・整頓・清掃・清潔・躾の5Sは、職場環境改善のために各職場で徹底されるべきです。5Sは、無駄を省き効率や品質を上げるなどの好影響はありますが、利益を直接生み出す活動ではありません。しかも工数や費用が多くかかります。

それなのに、日本電産のように「作法」を加えて6Sにしたり、ホンダカーズ中央神奈川のように30Sにも増やして徹底している会社もあります。それは、5Sが企業活動の基礎をつくるからです。5Sというと製造現場がイメージされますが、すべての業種で効果的な取り組みです。

5Sの進め方は、「整理＝不要な物を選別」⇓「整頓＝ムダを排除」⇓「清掃＝異常・故障の予防」⇓「清潔＝3Sを維持」⇓「躾＝ルールの徹底」となります。詳細は専門書に任せるとして、5Sの徹底が生む効果を見てみましょう。

・仕事の能率アップ
・商品サービスの品質向上
・社外的なイメージ向上の効果
・コスト削減

など様々なことが挙げられますが、5S活動のコストだけを考えたら、短期間ではマイナスになることも珍しくありません。それでも5S活動を続けるのは、目先の費用対効果よりも、徹底してやることによって会社の体質を強くするからです。

イエローハット相談役だった鍵山秀三郎氏が自著で伝えている考え方は、その副題に「平凡を非凡に努める」として表されています。当たり前のことを当たり前にやるのではなく、当たり前のことを人には真似できないほど一生懸命やるという意味です。さらに、「すべてに行き届いている」「その人の主義と行動が迷うことなく一貫している」「すべてのものを活かし尽くす」の3つが「凡事徹底」の絶対必要条件であると断言しています。

平凡なことを徹底してやる中から生まれてくる非凡が、いつかは人を感動させます。私が講演会で5Sや凡事徹底が重要であるという話をすると、共感する人が多いのですが、「挨拶や掃除が重要だという低レベルのことを聞きに来たのではない」ということをアンケートに書く人もいます。しかし、私は信念のように重要だと考えて話しています。

5S・凡事の徹底は企業の戦略

5Sや凡事徹底がなぜ効果があるのかについて、少し解説します。日本経営品質賞を受賞した㈱ねぎしフードサービスの根岸榮治代表に、中小企業家同友会の勉強会で、次のようなことを繰り返し言われました。

「究極の企業戦略は〝親切〟。外食産業なので、独自性のある商品をおいしく出すのは当然。でもそれは五十歩百歩で皆（競合他社）が迫ってくる。最後は〝人〟。親切というのは、相手を思いやる気持ち。いかにお客様のために尽くすか。親切＝気付きで、目配り、気配り、心配り。ねぎしの仕事の目的は〝お客の喜びと満足を得る〟なので、そのために毎日店に来て仕事をしているんです」

経営学者が「戦略は親切」と聞いたら、何を言っているんだと言いそうな話ですが、実務家でもある私は、大いに共感します。

軍事家ワイリーは、戦略を「順次戦略」と「累積戦略」の2つの概念で整理しています。

・順次戦略　一連の目に見えてハッキリと区別できる段階に分かれていて、それぞれ前の段階で行われた行動や作戦。

・累積戦略　一つひとつの小さな成果が積み重なって、誰にもわからないある臨界点を越えた途端、一気に絶大な効果を持ち始めるもの。

両者はお互いに相容れない戦略ではなく、結果から見れば、多くの場合は切っても切り離せない関係にあります。「順次戦略」は、内外の環境を分析し、いつ、どこで、何を行うかを明確にしていくことで、経営戦略・経営計画をつくることです。

5Sや凡事徹底は「累積戦略」です。挨拶・掃除が売上や利益にどのくらい効果があるか明確には言えませんが、継続徹底しているとどこかの時点で大きな効果をもたらし、持続性が高い企業文化として根付いていきます。

実際、親切を徹底するねぎしは、お客様満足度調査で90％以上の評価を得て、高いリピート率を誇り、ゆっくりですが確実に成長しています。

日本大学の大森信准教授は、5Sは型にはまった行動をあえて徹底することで、同じ行動に意味を見出そうとする積極性が芽生え、逆に組織内に思考の多様性を生み出すこと、メンバーの行動を同型化することで心が通じ合い組織の一体感を高めること、同じ行動を日々繰り返すことで社員一人ひとりに精神が宿ることを指摘しています。

その精神の変化を「自力と利己の精神」から「自力と利他の精神」へ、さらに「他力と利他の精神」に至る過程として整理しました。平たく言えば、掃除という行為を通して、次の4項目を大切にするようになっていくのです。

①手順を守り手際よくする
②正常な状態を知り保つ
③他人のために活動したり他人とともに活動する
④仕事以外も含めてあらゆることを受容する

①と②は、とくに自力と利己の精神で、組織メンバーを大切にすること、③は、他力と利他の精神の組織メンバーが大切にすること、④は他力と利他のメンバーを大切にすることです。これでメンバーの結束力が高まり、企業の問題解決力の持続的な向上に貢献します。

また、鍵山さんは掃除の効能を5つにまとめています。

①謙虚な人になる
②気づく人になる

③感動の心が育まれる
④感謝の心が芽生える
⑤心が磨かれる

掃除という営みは、汚れやゴミを排して清潔に保つことです。放置された消しゴムに向き合うことで、自分がゴミの生産者であること、自分のゴミを誰かが掃除していることに気づき、結果として感謝の心を持つことができる人、気づける人になるのです。

5Sを誰がどう始めて定着させるか

・トップが率先して始め仲間を増やしていく

《大賞》の審査委員、古田土会計の古田土満所長は、鍵山さんと一緒にトイレ掃除を行った経験から、自社でも実施しようと決めました。トイレ掃除はビル管理会社から許可が出なかったので、駅前清掃に取り組みます。そして、社員に提案すると全員が猛反発したので、自分一人でスタートしました。

次に行ったのは仲間づくりでした。最初は古参の社員には賛同してもらえず、新入社員を巻き込んでいき、地道に続けていくと年々参加者が増えていき、今では全社員が参加するようになりました。強制参加・自由参加について伊那食品工業の井上社長は、「強制はしないし、あいつはなぜ掃除に出ないんだという批判も禁止している。強制すると掃除の意義がなくなる」と言います。

私はこの2社も含め多くの掃除と朝礼に参加してきましたが、前述した効果は確実にあり、肯定的な組織文化が醸成されていることを肌で感じています。

・他社の活動に参加してみる

NECネッツエスアイ㈱の営業部門では、新入社員研修に掃除を取り入れ、後日アンケート調査を無記名で行ったところ、「なぜ掃除をするのかわからない」という否定的な意見が少なからずありました。

そこで、古田土会計で一緒に掃除と朝礼の体験をお勧めして、新入社員を含めた営業部員30人の新入社員を送り込みました。その後のアンケートで、「なぜ掃除が大切なのかわかった」という肯定的な意見に変わったのです。百聞は一見にしかずです。理屈で説明しても実感できないことが、体験することで効果が出ることは、多くの人の実例から証明されています。

以上、第4章では「いい会社」のつくり方を提案してきました。他にも方法はあるでしょうが、私自身が多くの「いい会社」を見てきて、経営者や社員の方の話も聞いてきて、紙面の関係上、重要なものを10に絞りました。

標準的な進め方しか提示していませんが、ぜひみなさんの会社に適用して、自社のオリジナルな取り組みにしていただければと思います。

第5章

［対談］あの会社は本当に「いい会社」か？

慶應義塾大学名誉教授　嶋口充輝
法政大学大学院教授
人を大切にする経営学会会長　坂本光司

（2016年6月4日収録）

藤井　今日は、私が師と仰ぐ二人の先生に「いい会社とは何か」についてお話いただくことになりました。2008年に、嶋口先生は『ビューティフルカンパニー』、坂本先生は『日本でいちばん大切にしたい会社』を同時に出版されました。この年はブラック企業の本も出て、11年の東日本大震災に続くこのあたりから、日本人の価値観が変わったと感じます。まず「いい会社」とは何かをお聞かせください。

嶋口　実は「いい会社」の反対は「悪い会社」ではなく「よくない会社」、「悪い会社」の反対は「悪くない会社」ではないかと思うのです。その中間にはいろいろな形態が無数にあるわけです。

藤井　ブラック企業、ホワイト企業という対比で考えがちですが、どちらでもないということもありますね。

嶋口　40年前にアメリカ留学から帰ってきて初めて大学で教鞭をとった頃、まだ中小企業だったダスキンから社員教育を頼まれました。一燈園（いっとうえん）という明治末期に設立された懺悔奉仕団の教えをもとに、鈴木創業者の考え方でやってきた会社です。

若手研修でアメリカ流の収益の出し方を話したら、みなキョトンとしているんです。そして「利益のことはあまり考えないから」と言う。しかし実際は、かなり高収益の会社でした。

月に1回勉強会をやっていて驚いたのは、始まる前に必ず唱和する理念が「我、損と得の道あらば、損の道を取れ」なんです。これから、いかに利益を出すかという話をしようとしているのに、損の道を取れと唱和される。

「赤字でもいいんですか」と聞くと、

「それはダメです。もう一つ重要な理念があって、それは、利あらざるは悪なり」

「それは矛盾していませんか」

「事業であれば利益を出さなければならないが、利益を先に考えてはいけないのです」

「では、なぜ損の道を取るのですか」

「損の道はガラ空きだから、いくらでもある。ビジネスもガラ空きだから、そこに入って新しいことをやれば、利は必ず後からついてくるのです」

利益と損の道はコインの裏表で、まさにその通りだと思いました。最初に損をするのは投資だからで、人のために尽くすことをして、喜んでもらった結果として利益を出すことが大切である。しかし、この理屈を説明するものがなかったのです。

その後、私が日本経営品質賞の審査などをやってきて感じたのは、優良企業はまず入口でお客様や社会に喜んでもらうことをし、出口で利益を確保するということです。

前輪で人に喜んでもらい幸せになってもらう。後輪で事業なのだから利益を出す。利益がないと給料を払えないし、新しい投資もできません。

ビューティフルの本質は「思いやり」です。プラトンは絶対価値を真・善・美と説いていますが、ざっくりと次のようにみてよいと思います。

真…論理的であること（追求すれば利益）。合理的、効率的であること。

善…存在する限りは社会のためになること。

美…思いやりを持って社会を豊かにすること。

今の時代は逆順の「美⇒善⇒真」で考えたほうがいいでしょう。まず、思いやりのある会社にならなければいけない。そして社会貢献をし、合理性を持って最終的に利益が出たら素晴らしい。

最近、思いやりという言葉をよく耳にします。企業でも精神の美しさ、つまり美しい基本理念を持つことがビューティフルなんです。

個人の生き方も、ガツガツ生きて利益を求める時代ではありません。かといって社会貢献だけでいいともいえない。根底には、人々を豊かにする思いやりが重要です。

藤井　坂本先生は《日本でいちばん大切にしたい会社大賞》という表彰制度をつくり、企業経営は「5者」の幸せの永遠の追求とし、①社員とその家族、②取引先とその家族、③顧客、④地域社会、⑤株主と優先順位もつけました。これは私たちが教えられてきた経営学を変えるメッセージです。

坂本　大学で経営学を勉強し、社会に出て企業を回っていると、10社に1社くらいは経営学の教えに合わないところがありました。業績・シェア・

ランクの話をすると「それが何ですか」と言われて困ったものです。

「この経営者、変わっているな」と思いましたが、全国の会社を回っていくと、同じような会社がどこにもある。調べてみると、業績は景気に関係なくみな黒字でした。利益が5%、10%出ている。

自分たちが学んできた経営学に疑問を持つようになりました。訪問先では、業績や株主のことではなく「人を大切にする経営」を教えてもらいました。

しかし、その変わった経営者たちも「実は疑心暗鬼でやっていて不安なんです。同業の集まりでは、そんなことをやっていると潰れると言われました」と言うのです。そこで「北海道の〇〇という会社も、島根の△△という会社も、御社と同じことをやっていましたよ」と答えると、「自信を持ちました」となったんです。この経験が私の今の経営学につながっています。

彼らの経営の特徴は「人を大切にする――社員第一主義経営」です。当時は、そういう姿勢を出すと顧客から嫌がられるため、表向きには顧客第一主義を標榜しながら、裏では明らかに社員第一主義でした。その結果として業績が高いのです。「いい会社」は業績を追い求めていないのです。人々の幸せを追い求めている会社の業績を確認したら、例外なく業績もよかったわけです。

それで、近江商人の「三方よし」を勉強し始めました。私は、もう少し具体性を高めるために「五方よし」を提唱しました。

ぶれずに高業績であった会社を調べていくと、「社員を大切にする」という同じ顔をしています。そこで「5者の幸せ」を追求することが「いい会社」の条件だと確信するようになったのです。

通常「家族」という概念は経営学には出てきません。しかし、それらの変わった会社では、社員とその家族の幸せを大事にしていました。それで、「いい会社」の条件の一番に入れたのです。

藤井 日本を代表するトヨタは「いい会社」だと多くのビジネス書で絶賛されていますが……。

坂本 私はそうではないと思うのです。自社が10

%の利益をあげながら毎年、好不況に関わらず下請け会社にコストダウンを2回要請するなど、自分がトヨタの人間であればできない。誰かの犠牲の上に立つ経営は正しくありません。自社と同じように経営している取引先なら、10%に近い数字が出ているはずです。

下請けの1割が、下手な経営者のために赤字だというのなら理解できますが、半数以上が赤字というのは、経営手腕の巧拙では割り切れない。取引条件に問題がある。ならば取引をやめればいいという人がいるかもしれないが、業界、国そのものがおかしくなってしまう。細分化された分業生産で構成される国だからです。

私は、外注先・下請け・協力工場などで働く人たちを、自社の仕事をやってくれているパートナーだから「社外社員」と名付けています。外注先・仕入れ先・下請けをコストと見るから、発注価格は安いほうがいいとなる。でも社外社員といえば、幸せにしなければならなくなります。

だから序列の2番目は「取引先とその家族」としたわけです。4番目は「世間よし」に相当する「地域社会、とりわけ社会的弱者、障がい者」としました。

いい会社を訪問すると、障がい者が一心不乱で仕事している。採用のこと、給料のことなどを聞いてみると、個々人に対する優しさが伝わってきます。お金を払って社会貢献しているというレベルではなく、直接雇用を通して幸せづくりをしているのです。そうした企業の業績がぶれていない、堅実な経営をしているのを見て、この世には神様がいると思いました。

東証二部上場会社で、今度の株主総会で社長になるという方が先日訪ねてきました。事前にその会社を調べてみると、リストラをやり、売上もダッチロールで上下動している。このままではいけないと、執行役員だった方が5段6段跳びで社長に抜擢された。その次期社長は「《大賞》」に6年後に応募したい。100の指標でチェックしたら、残念ながらわが社は50点だったが、必ず実現したい」と涙を流しながら話すのです。その会社は、毎月社外報を出していて、「自分が社長になったら、その第1号に坂本先生に登場してもらうことを夢見てきた」と言いました。

最近感じるのは、各社の社長に聞くとみなさん「社員をはじめ関係者を大切にする」と言います。しかし実際には7割の会社が赤字で、まともな経営が少ない。だから社員は自分たちが大切にされていると実感していない。経営者だけでなく社員・仕入れ先・お客様すべてが大切にされていると実感し、結果として利益も出る会社が「いい会社」だと思います。

藤井　坂本先生は40年間で7500社以上を訪問し、そうした会社をたくさんご存知だと思います。例を挙げていただけますか。

坂本　長野中央タクシーの経営理念は「お客様が先、利益は後」です。ドライバーはすべてこの軸で行動しているから、親切丁寧な接客は抜群の評判で、無線配車率99%です。駅で客待ち待機車もいないし流しもしていない。ちなみに成果主義ではなく年功序列です。

運転手さんに「生まれ変わったらどういう仕事に就きたいですか」と尋ねたら、「タクシードライバーになって、この会社で働きたい。この仕事が社会に役立っていることが、ここで働いてよくわかりましたから」と答えたのです。

当時の宇都宮社長が「長野オリンピックで、世界中からマスコミが来るので、タクシーを2週間の契約にすれば3倍4倍の利益が出る。そうするとみんなに還元できる。だからオリンピック用と通常用の車両配分を半々にする」と話したら、ドライバーたちは社長をにらみ付けて、「社長は間違っている。わが社の理念は、お客様が先、利益が後です。毎日買い物や病院に行くお年寄りを誰が送迎するのですか。私たちは給料が欲しいからではなく、あの人たちが喜ぶ顔が見たいからやっているんですよ。だからオリンピックには参加しないでください」と答えたのです。

藤井　ほかに印象深い会社はありますか。

坂本　20年くらい前、私が伊那食品工業のことを静岡新聞のコラムに載せたことがあるんです。掲載された3日後に、塚越会長がその新聞コピーを同封して手紙をくれたんです。静岡新聞は長野県では読まれないはずで、おかしいと思ったんです。

じつは沼津に住んでいる伊那食品の会員の女性が、「出ましたよ！ 嬉しかった。自分が選んだ会社に間違いなかった。あのかたい坂本先生が褒めています」と書いて送っていたのです。

逆にこういう話もあります。社員500名の一次メーカーを訪問しました。自動車や建設用のゴムを扱っています。そこで、業種別・取引先別・商品別の利益を聞いたところ、建設と化学関係は何とか利益がでていますが、自動車関係はほぼ全部赤字です。経営を圧迫している自動車関連の仕事はいつかやめたいと言いました。

藤井　嶋口先生はどうですか。

嶋口　創業時のダスキンは、なぜ利益が出ないのかを逆発想することを教えてくれました。それはお客様が買ってくれないから。なぜならお客様に奉仕しないから。だから、もっと喜んでもらわないといけない。

逆から見れば、赤字の会社はおかしくなる。元はどこにあるかと言えば、お客様、世間に喜んでもらえるかどうかということ。だから彼らは「愛と奉仕の精神」を標榜しています。表裏一体ですが、利益は喜んでもらった結果として得られたものはよくて、栄養にもなる。利益を先に求めて途中を合理化したり人を切ったりしてはいけないという思想がありました。

坂本　赤字は社会悪であり経営者は失格ですが、利益が多ければいいかというわけでもないのです。利益が30％、50％あることが高い評価を得られることなのか。10％以上が妥当な目標値なのかということです。

人件費を業界平均以下に抑えて利益を20％出しても、それは社員にしわ寄せが行っているからなので、「いい会社」とは言えません。利益は大きいほどいいというのは間違っています。利益はお客様の御礼代、神様のご褒美なのです。何事にも限度というものがありますから。このことは、いつか世に問わなければと思っています。

嶋口　もっと喜んでもらって出てくる利益は、いくら高くてもいい。しかし、最初に数字を決めた利益計画は正しくありません。

渋沢栄一は「論語と算盤」と言っています。算盤は事業では重要ですが最初からではなく、社会や人のためを先に考えた上でのこと。先に論語的な生き方をするのが大切です。

坂本　これまでは、お客様が大事であると言われてきました。お客様に嫌われた会社に未来はありません。そのお客様を喜ばせるのは社員です。社員が、所属する組織に喜び・働きがい・生きがいを感じなければ、目の前にいるお客様に親切丁寧にできるわけがありません。

社員を犠牲にして顧客の満足を高めるのは間違っています。原点は社員の幸せづくりです。そのお返しとして、社員は顧客満足度を高めたり、仲間満足度を高めるのです。

最近、労働組合が「坂本先生は社員を大切にというから、私たちの強力な味方だ」と間違って私に講演依頼に来ます。社員は可愛がられて当然という姿勢も間違っています。

藤井　坂本先生の講演後、「家族的経営は中小企業だからできることで大企業では難しい」と言われることがあります。多くの有名企業の社外取締役を務めてきた嶋口先生はどう思いますか。

嶋口　経営は、矛盾の中でやっていかなければなりません。理想はこうだといっても、現実にはその通りにいかないことがたくさんある。規模が大きくなっても、国際的な展開をしても同じでなければいけないのかと考えていくと、実際には難しい面も出てきます。

ＹＫＫの経営顧問を日本語堪能な外国籍経営者と2人でやっていて、経営陣と共に年に2、3回ディスカッションします。

ＹＫＫは世界6極体制です。経営理念は「善の巡還」ですが、グローバルになるとその理解や解釈が多様になり、善とは何かがわかりにくくなります。

ＹＫＫは大きくなってファスナーは世界6割のシェアです。海外に広がっても善の巡還という基本理念は崩していませんが、拠点が各国の多様性の中でやっていくと、一つをやると他方で矛盾が出る場合があります。基本理念を堅持しつつ、変化に合わせて人や組織の対応を考えていくのですが、なかなか難しい。地理（水平）的・時間（垂直）的に変わっていくので、理念の堅持はできても、規模の拡大により適応的に考えていくしかありません。

ＹＫＫの精神は、中小企業の精神を持ちながら善の巡還で進もうというものなので、トップはいつも温故知新的に対応しています。

理念は、まさに坂本先生の言う通りですが、一方で、組織やエリアの拡大にどう対応していくかです。思いやりを持とうというのはその通りですが、難しい面があります。

藤井　組織は分権化するほど統制が必要になり、管理手法では限界があります。そのときに経営理念のような思想的手法が役立つのではないでしょうか。

嶋口　その通りだと思います。しかし矛盾が出てきます。一方を立てれば一方が立たず。小さい組織ならその矛盾を吸収できますが、分権化・多角化・国際化していくと難しくなる。基本理念の精神を大事にしながら、組織の発展に応じて、うまく経営理念を解釈し、新しい時代に対応していくということでしょう。

私は、マーケティングが専門なので、組織による環境への創造的適応問題を中心にやってきましたが、対社内の人の問題はあまりやらなかった。しかし、坂本先生の言うように人の問題はとても重要です。

坂本　大企業の場合も同じで、キーマンになるのは、リーダーである経営者です。いい大企業は、いい中小企業の連合体のような感じがします。大企業らしくない大企業というか、中小企業らしい大企業というか、かつて中小企業であったことを忘れない、そのよさを持っています。

また中間管理職が、トップと同じような気持ちで運営すること。大企業の課長は、規模からいったら中小企業の社長と同じです。自分たちを管理職と考えず、中小企業の社長のつもりでメンバーに接すればいい。課長は30~40人の課員とその家族の幸せを追求する。管理という効果効率学での対応は難しいでしょう。

ある講演会の終了後に、一部上場企業の管理職の方が控え室に挨拶に来たことがあります。会社全体を変えるにはまだ時間がかかるが、まず自分の課だけは変えましたと。「5者の幸せ」から課員の幸せを考えて実践していました。この人はぜひ社長になってほしいと思いました。

藤井　海外の事例はありますか。

坂本　数年前、矢崎総業の順徳工場を中国・広州に訪ねました。1年で退職者3割4割がざらな中国で、従業員4000人の離職率が実質ゼロ。ストライキもない。どんな経営をやっているのか順徳の杉山社長に聞くと、「社長の仕事はモチベーションを上げることです。幸せになりたいという気持ちは中国人も同じだから、そこを一所懸命考えてやってきただけです」という答えでした。

中国では、一定年齢になると就労ビザが認められないのですが、広州政府の方が、杉山さんは必要な人だからと中央政府に陳情して、就労ビザを延長したというのです。そして最後、退職する日は、4000人の全社員が並んで、涙を流して彼を見送ったのです。

杉山さんは「私がやったことに対して、本社から文句を言われる筋合いはない。理念に基づいてやったのだから。矢崎総業は世界200カ所に工場を持ち、26万人が働いている。最も生産性が高くて利益を出している会社は、私がいた会社です。私は従業員に利益を出せとか成果を出せとか言ったことはありません。坂本先生の言う経営学は正しいです」と言ってくれました。

今、大企業の部課長のパワーが落ちています。管理者は効率ばかりを追求する間違った経営学をやっているので、職場にぎすぎす感がはびこっています。彼らはミニ社長ですから、部門メンバーとその家族を大切にする意識を持たなくてはいけません。大きな組織では、ステークホルダーも多くいるので難しいでしょうが、不可能ではない。

《大賞》の経済産業大臣賞を受賞し、嶋口先生が社外取締役をしているサトーホールディングスで、いちばん凄いと思ったのは「三行提報」。全社員が義務ではなく権利として、毎日127文字の改善提案を出す。上がってくる何千通を担当10人が絞り込んで、毎日50通が松山社長に上がる。トップが社員と接触する時間を多くとるのは使命なので、社長が見て赤ペンを入れていく。全社員が全提報をネット上でいつでも見られます。まさに、中小企業のいいところを忘れていない「いい会社」です。

嶋口　規模が小さいうちは理念が浸透しやすいのですが、規模が大きくなっていくときに、新しい体制をどうつくるか、理念を新しい体制にどう合わせるのかが難しいですね。坂本先生が訪問する会社で、最初はよかったけど難しくなったという会社もあるのではないですか。

坂本　あります。中小企業のうちはよかったけど、大企業病になってダメになった会社は山ほどありますよ。

嶋口　組織の成長の節目で、どうやるかが重要ですね。組織が大きくなると、現在やっていることに、社員のほうが理解できない部分が出てきます。

30年前、東芝の社員教育を手伝いました。経営諮問委員をやっていたこともあります。委員は6人で、東芝幹部とディスカッションしていて、こんないい会社ないなと思っていた。当時、日立などのほうが営業利益はよかった。それを見て、甘い体質が問題ではないかと言っていた。その後、業績が厳しくなって、今問題になっている三代の社長による不祥事を起こしてしまった。

今は東芝に伺わなくなって久しいので、状況はわかりませんが、社長になると利益を出す責任があるので、今回のような問題は、口で簡単に言えるようなものではなく難しいです。間違っていると言われても、なかなか考えは変えられない。

組織は硬直的になっていきます。三菱自動車のような話も、これからはたくさん出てくる気がします。

坂本　私は中小企業の経営者に「経営者の仕事の

一つは決断することだ。間違いない決断のためには、二つの軸を使いなさい」と言っているんです。一つは、正しいか正しくないかで判断する。もう一つは、自然か不自然かで判断する。正しいことであっても不自然であったり、自然であっても正しくないことがある。今年の経済状況とか、ライバル企業の動向などで決断するからおかしくなる。企業の根本的なところを誠実に見なさいと。中小企業の中には、低い離職率を保ち、「5者」が幸せを実感しているところもあり、嘘偽りのない経営をやっています。もし何かあっても社内外に公表して直していく姿勢を持っています。

嶋口　そういう価値観の人が若いうちに上のポストに行くといいですね。白でないことは確実だが黒と断定しきれない人――リーダーはそういうグレーゾーンではいけません。それでいいとなると、下に悪い影響を与えてしまいます。

藤井　しかし、多くの組織では、業績を上げた人が上に行きますね。

坂本　社長になる人が、株主や利害関係者の言動に振り回されることは事実です。本当はトップも再任されるかどうかを考えなければいい。社長になりたいなどと言わなければいい。しかし、そういう教育を受けた人が偉くなっています。

教育の大改革が必要で、教育を抜本的に変えないと世の中はなかなか変わらない。教育のモノサシを変えるのは、大企業では確かに難しいけど、不可能ではありません。

嶋口　アメリカの企業にも、これだけ大きくなってもこんないい会社があるのか、こんなやり方があるのかと坂本先生が言うような「いい会社」はたくさんあります。そういう意味では悲観的ではないですよ。

藤井　アメリカの企業は、勝った負けたの業績を優先するイメージがありますが……。

嶋口　私は、効果的効率主義と言っています。お客様や地域の人に喜んでもらうこと、つまり「効果」のあることをやると、結果的に「効率」的になるということ。これが経営の基本です。前輪に喜びを持って、後輪で成果を出す。単なる効率主義ではダメです。

昔、アメリカの企業では「いい会社」の研究をよくやっていました。凄い企業がたくさんありました。とくに流通・サービスが多かったですね。逆に、そうしないと収益にならないので、彼らなりの合理主義でしたけど。長期的な効率のためには、喜びの前輪をつくらなければならないことはわかっているのです。

坂本　私は嶋口先生ほど海外の例は知らないのですが、人種・国籍を問わず、幸せになりたいというのは世界共通だと思うのです。自分を幸せにしてくれる経営をやってくれる会社に勤めたいのは、誰だって同じです。でも実際は日本でも効率主義になって、結果は7割が赤字なのです。

アメリカ南部に、自動車部品をつくっている日系の鋳物製造の会社があるんです。働いているのは黒人社員が多く、生活もきついという地域に立地しています。赤字が続くので、最後に本社の課長だった加藤さんを派遣したのです。

それで万年赤字の会社が1年で黒字になりました。設備投資もしないし、優秀な社員をスカウトしたわけでもない。つまり経営資源を変えていないのです。加藤さんは、機械を1台増やして効率化したこともない。ただ、彼の生き様で社員のモチベーションを飛躍的に高めてしまったのです。

日本的ということではなく、世界中の誰もが望むようなことを、そこまでやるのかというくらいに徹底していたら、「今度来た人は違う。やることなすことが違う」となり、最後には加藤さんに「あなたには足を向けては寝られない」と言って、一所懸命働くようになったのです。

もっと驚く話。双童日用品有限公司という会社が杭州の義烏（イーウー）にあります。ストローをつくる世界最大企業。トップは世界の経営名著を読み、日本では北海道から沖縄までの会社を調べ歩いて、できることとできないことを研究した。

そこは100%中国の会社なのですが、日本の会社と間違えるくらい福利厚生がしっかりしているし、トイレは温水便座。私たちが知らないだけで、世界にそうした企業はたくさんあるのです。

誰だって幸せになりたいのは同じですから。

嶋口　私も昔、アメリカの会社のことを本によく書きましたが、日本に限らずみなやってますね。

坂本　だから日本的経営とかを言わないほうがいいんですよ。

嶋口　私もそう思います。

坂本　中国やネパールの人で京都大学で博士号を取った人が私の本を読んでくれて、ネパールの学生は翻訳の許可を求めてきたし、私のゼミの4人の中国人学生は中国語に翻訳された私の本を読んで、そこに書いてあるような会社をつくりたいと言ってきました。

今月、私を訪ねてくる20人の中国人経営者は、「もはや日本の大企業から学ぶことはなく、学ぶほどおかしなことになるので、中小企業の話を聞きたい」とのことです。

嶋口　しかし、中国の人が学ぶものがなくなったというのは、本当はよくないですね。昔、日本人がアメリカに勉強に行っていたのが、そのうちアメリカに学ぶことがなくなったといってあまり学ばなくなり、それから日本はおかしくなっていったことを思い出しました。

藤井　『ビューティフル・カンパニー』や『日本でいちばん大切にしたい会社』を、どうつくればいいのでしょう。

嶋口　あまり複雑に考えずに、ひたすら人のためを考えて行動すればいいと思います。ただ実際は、いろいろなしがらみで変更になることもある。坂本先生が言う社員のために、私の言うお客様・取引先のためにと考え、自分たちが奉仕できる存在になっていくことが大切です。その中で、自分たちのやり方の能率を考え、利益をつくっていく。利益は奉仕の対価ですから。

規模が大きくなっても多国籍になっても、そのことを忘れてしまうのが問題なのです。私たちの若い頃は複雑なことを追いまくってきましたが、年を取るとシンプルにしかできなくなる（笑）。

坂本　消費者庁の主催で講演をやったとき「いい会社をつくるのは、あなたたちだ」と言いました。いい加減な会社の商品を買うな、不買運動を起こせと遠回しにも言いました。消費者・生活者・庶民が、いい加減な会社の商品を買ったり、そういう会社に子供を就職させたり、取引したりするかぎり「いい会社」はつくれないままです。

一番いいのは、よくない会社が健全な市場メカニズムで淘汰されること。それが会社にとっては一番怖いことでもあります。これが「いい会社」を増やす方法の一つです。基本的な前提は、経営者が時代変化に目覚めて、自分も幸せな人生、家族も幸せな人生、社員も幸せな人生を、という考え方をしっかり持つことです。

少し前に金融庁長官と話しました。「銀行は、いい加減な会社に融資や投資をしているから悪がのさばる。不況でもリストラせずに、社長の給料を削ってでもがんばっている会社に融資しないのはとんでもない。しかし実際は、社長の給料を下げるとその人の担保価値が落ちるから給料を下げるな、社員の首を切れという指導を平気でやっている。銀行の融資・投資基準を変えるべきだ。私たちが100の指標をつくったので、これを使いなさい」と本を渡したんです。

それから大学の経営学について、言いすぎかもしれませんが、間違った教育が多い。うちの学生が「5人を3人に減らさないとやっていけないときに、2人に気持ちよく辞めてもらう方法を考えなさいと、あるビジネススクールで教えていましたが、どう思いますか」と聞いてきた。これでいいのかと思いましたよ。

嶋口先生や私のような考え方は、まだ少数派です。大学の就職指導室も「どこの大学から上場会社に何人入った、だからいい大学」というランキングに目を奪われている。ある大学では、メガバンクと地方銀行と信用金庫に受かったら、迷うことなくメガバンクに行けと指導している。大学にとって都合がいいだけで、その学生の幸せにとってどうかということを本気で考えていない。

私なら、全国で一番大きい茨城信用組合を紹介します。人を大切にする信用組合で、1兆円以上の預金残高があり、4人目の子供が生まれた職員にはお祝い金を500万円出すんです。

生活者も銀行も変えることができる、自分自身が変わらないと不幸な人生になってしまう。政策もそうだし、最後は教育。経営学そのものが、ここで議論しているようなことに触れてほしいですね。

藤井　株主についてはどう思いますか。中小企業と大企業の一番大きな違いだと思うのですが。

坂本　中小企業は、社員やお客様のことを考え、赤字も出さないようにがんばっている。では、それだけでいいのかということです。まともなことをやった上で、世のため人のために役立っているかを考えなければならないのです。

2人のおばあさんのバスでの会話を、横浜ベイ東急ホテルの営業主任が聞いていたそうです。「自分の家の塀が崩れて、それを直そうとしているという話なんです。もう一人のおばあさんが、さくら住宅を使ったらいいよ。あそこは親切だし嘘を言わないし……」

営業主任は、自分が担当しているさくら住宅のことをよく言ってくれて嬉しくなり、さくら住宅に手紙をよこしたそうです。

利得を期待する投資家もいますが、正しい会社、いい会社に投資していることを誇りに思える株主の存在は重要ですね。

藤井　みんな自分の会社をよくしたいと思っています。トップ次第かもしれませんが、言い出しっぺが課長や一般社員の場合は、どう動けばいいでしょう。

坂本　それは難しく考えていません。「5者」の幸せといったように、目の前の人に自分が率先してサービスをしてあげるのです。

私が昔、役所に勤めていたとき上司からえらく叱られたことがある。17時すぎに経営相談にのっていたら「明日にしてもらえ、帰れないではないか」と。困っているのでアドバイスしているのになんてことだと思った。会社側とか自分側とかでなく、その人のためにしてあげるのが、あるべき姿でしょう。

会社も個人の集合体だから、隣席の人の利益・幸せを考えたらできることはたくさんあります。

同僚が介護で大変だったら営業成績が上がらないだろうからサポートしてあげたり、その人の子を思いやって仕事をしたらいいと思うのです。

嶋口　人間というのは自分中心で考えがちです。車を運転していると、横断歩道をゆっくり渡る歩行者にイライラする。しかし、自分が横断歩道を渡る歩行者になると、車がクラクションを鳴らそうものなら頭にくる。つまり立場で違うのです。

昔は企業は運転手の立場で考えて腕を磨こうとした。今は歩行者の立場で考えるようになった。この思想が浸透すれば、上ではなく横のお客様や仲間、とくに弱者を見て判断するようになります。

私の子供が障がいを持っていて、完全介護です。母も100歳なので体が昔のようには動かない。こういう深刻なときこそ、世話してくれる人のよさがすぐにわかります。いい人だと感謝の気持ちが自然に湧いてきて、こういう人にずっとお願いしたいと、いつも感じます。

坂本　大企業でも30人、40人の課単位であれば、自分の課だけでもやろうというのは現実的ですね。

嶋口　私は以前、自然派化粧品販売のハウスオブローゼという会社を研究したことがあります。ここでは、理念を最重要視しています。初期は、創業者が自分ですべてやっていて、全国展開していくと理念の浸透方法を工夫しなければならなくなった。そこで、上総屋吉兵衛印やお稲荷さんをつくって店舗に置いた。江戸時代の善行を積んだ象徴的な商人を通して理念を伝えようとしたのです。すると、お客様が、意味とか謂われとかを店員に聞くようになる。説明するうちに、各人が理念を理解するようになったそうです。

理念を浸透させるのは難しいので、理念にまつわるエピソードをトップが話すなどの仕掛けが有効です。例えば、デパートはタイヤなど扱わないが、ノードストロームでお客様のタイヤの返品を受けたら神話になったという話。これを聞けば、ノーと言わないことの大切さが伝わります。

YKKでは「善の巡還」とみな言うのですが、外国の社員に教えるのは難しい。いずれにしても、わかりやすくしないといけないですね。

坂本　いろんなやり方があるけど、いちばんの体現者は社長です。社長が理念に基づかない行動をしていては、理念が浸透するわけがありません。

嶋口　伊勢丹は四文字熟語の理念を唱和するのですが、社員はどういう意味かまったくわからない。

藤井　お経を読んでいるようなものですね。

嶋口　創業一族経営から体制が代わったとき、新しい理念をつくることになり、あるコピーライターから、古い理念をコピー風にリニューアルしたら効果があるかもしれないとアドバイスされました。当初、コピーライターはいい加減な人種だと思っていたのですが、成功しました。「いらっしゃいませ。ありがとうございました。その間に伊勢丹があります」なんです。

伊勢丹でもう一つ。量販店、スーパー、コンビニが登場してきたとき、デパートのアイデンティティが薄れてしまった。そこで、伊勢丹とは何だろうかという論議が始まった。関係者が集まって何日も話し合い、最長老の座長が「やっぱり百貨店はファッションだよな」とポツリと言ったが、まわりは「古いな〜」となった。

その後で専門店の話が出てきたとき、もう一度考えようということになった。スーパーの生鮮産品とデパートの生鮮産品とは違う。付加価値を入れているから。下着も同じ。そのプラスアルファとしての付加価値がファッションだ。そこで「ファッションの伊勢丹」というキャッチフレーズをつくり、「ファッションを売るのではなく、ファッションで売ろう」、つまり他とは違う付加価値を付けて売ろうということになった。

それからの伊勢丹は、業績が抜群によくなりました。新しい時代に合わせて理念の根本精神を表現し直して訴えていったのです。朝礼で毎回、新理念の意味合いを説明し、ファッションを売るのではなく、どんな商品でもファッションで売るんだとなり、付加価値を大きく変えていきました。理念をリニューアルして、自らを時代に合わせて変えていったのです。

藤井　ありがとうございました。わかりやすい話で、「いい会社」づくりの理解が深まりました。

■人を大切にする経営学会

◎事務局　〒102-0073 東京都千代田区九段北1-15-15 瑞鳥ビル2F
Tel.(03)6261-4222　E-mail：info@htk-gakkai.org

◎活動　・1年1回、年次大会(全国大会)を開催
・「日本でいちばん大切にしたい会社大賞」
・毎週金曜日「学会ニュース」発行
・地域部会の開催
・人を大切にする経営に関する調査研究

◎会員　会員は国内外の研究者・経営者及び経営幹部・弁護士・産業医・公認会計士・税理士・経営コンサルタント・社会保険労務士等、起業家・大学院生等、学会の趣旨に賛同する機関及び人。
会員は正会員と賛助会員とし、正会員は個人会員、賛助会員(会社・組織)単位とします。

◎会費　(1)個人会員は年間1万円　(2)賛助会員年間5万円

[対談者]

嶋口充輝(しまぐち・みつあき)
慶應義塾大学名誉教授。公益社団法人日本マーケティング協会理事長(代表理事)。1975年慶應義塾大学、ミシガン州立大学修士・博士課程修了、経営学博士(Ph.D.)。モスクワ大学(ロシア)など複数の海外大学院客員教授を歴任。サントリー、エーザイ、ライオン、サトーホールディングスほか多くの社外取締役を歴任。『顧客満足型マーケティングの構図』(有斐閣)、『ビューティフル・カンパニー』(ソフトバンククリエーティブ)、『マーケティング・アンビション思考』(角川oneテーマ21)など著書多数。

[参考文献]

『日本でいちばん大切にしたい会社１～５』(坂本光司、あさ出版)
『トイレ掃除の経営学』(大森信, 白桃書房)
『戦略論の原点』(ＪＣワイリー、芙蓉書房出版)
『「わかる」ということの意味(新版)』(佐伯胖、岩波書店)
『幸せのパスポート「Be Do Have」の法則』(篠塚澄子、ビオマガジン)
『感動する会社は、なぜ、すべてがうまく回っているのか？』(藤井正隆、マガジンハウス)
『ウサギとカメの経営法則』(藤井正隆、経済界)

藤井正隆（ふじい・まさたか）［著］

「人を大切にする経営学会」理事事務局次長。株式会社イマージョン代表取締役社長。法政大学大学院政策創造研究科博士後期課程在学。
大手コンサルティング会社所属後、組織開発コンサルティング会社を設立し、代表をつとめる。『日本でいちばん大切にしたい会社』著者の坂本光司教授らと、年間約100社を視察・研究。現場で実際に見てきたことを理論的に整理し、わかりやすく伝える。著書に『感動する会社は、なぜ、すべてがうまく回っているのか？』（マガジンハウス）、『ウサギとカメの経営法則』（経済界）など、著書多数。

〈連絡先〉株式会社イマージョン　〒102-0073　東京都千代田区九段北1-15-15 瑞鳥ビル2F
TEL.03-6380-9658 FAX.03-6380-9718　E-mail：m.fujii@immersion.co.jp

坂本光司（さかもと・こうじ）［監修］

「人を大切にする経営学会」会長。「日本でいちばん大切にしたい会社大賞」審査委員長。法政大学大学院政策創造研究科教授。他に国・県・市町・産業支援機関の公職多数。専門は、小企業経営論・地域経済論・福祉産業論。
徹底した現場派で、これまで訪問調査・アドバイスをした企業は7500社を超える。『日本でいちばん大切にしたい会社』（あさ出版）、『なぜこの会社はモチベーションが高いのか』（商業界）、『「日本でいちばん大切にしたい会社」がわかる100の指標』（朝日新聞出版）など、著書多数。

「いい会社」のつくり方

人と社会を大切にする経営　10の方法

2016年8月13日 第1版第1刷発行

著　者　藤井正隆
監修者　坂本光司
発行者　玉越直人
発行所　WAVE出版
〒102-0074 東京都千代田区九段南4-7-15
TEL 03-3261-3713　FAX 03-3261-3823
振替 00100-7-366376
E-mail : info@wave-publishers.co.jp
http://www.wave-publishers.co.jp/

印刷・製本　大日本印刷株式会社

NDC 336　239p　19cm　ISBN 978-4-86621-012-4